武光誠
makoto takemitsu

渡来人とは何者か

その実像と虚像を解く

河出書房新社

装幀＊大野恵美子(studio maple)
カバー画像＊T.Morimatsu/アフロ
地図版作成＊WADE
本文写真＊PIXTA

最新サイエンスから「渡来人」の実像をつかむ――はじめに

日本古代史の研究者が好んで用いる「渡来人」という概念は、今となっては理解しづらい曖昧《あいまい》なものになってしまった。古墳時代（二五〇～五五〇年ごろ）に朝鮮半島経由で日本列島に来た移住者を、「渡来人」とする場合もある。

また古墳時代に大陸の文化を伝えた豪族を、「渡来人」や「渡来系豪族」として扱う研究者もいる。しかし『日本書紀』などの渡来人に関する記事や、後世にまとめられた渡来系豪族の系譜には、伝説的で不確かなものが多い。

そのため私は二〇一六年に「渡来人」のあり方を根本的に見直すために『渡来人とは何者だったか』（河出書房新社）を発表した。

この本のなかで、私はそれまでの「渡来人」の研究に対して二つの疑問を出していた。一つは大陸の新たな技術を伝えた者は、古墳時代の移住者（渡来人）のなかのごく一部にすぎない。そして古墳時代の大陸の技術は、おもにヤマト政権に連なる豪族たちの主導で取り入れられたのではないかとするものである。

もう一つは、渡来系の系譜を称した豪族のなかの半数以上が、もとから日本列島にいた縄文系、弥生系の豪族らしいという疑問である。

ごく最近になって私が用いる文献史学の手法とは別の、科学的手法を用いた「日本人の起源」に関する新たな研究が注目されるようになった。

それは「古墳時代の人口のなかの約二五パーセントが、古墳時代に新たに朝鮮半島北部、中部から移住してきた東アジア系の人々であった」とするものである。だから現代の日本人のＤＮＡの遺伝情報の約四分の一は、東アジア由来の古墳時代の移住者がもたらしたものになるという。

考え方によっては、「このような科学的手法による研究成果によって、私が前著で記した疑問が裏付けられた」とも評価できる。

古墳時代の移住者を「渡来人」と定義した場合、古墳時代に来た移住者すべてが先進技術や先進文化を身に付けた職人や学者ではありえないからである。

それゆえ今回、日本人の起源に関する新たな科学的研究をふまえて、「渡来人」について見直すことにした。そのためまず本書の序章では、最近の日本人のＤＮＡの研究成果を紹介し、それに関する私見を述べておきたい。

また近年になって縄文人のＤＮＡの研究も急速に進んだので、この序章で縄文人と現代の日本人とのつながりについても記したい。
そのあと序章の記述を下敷きにした第一章以下で「渡来人」の歴史について見ていくことにしよう。

武光　誠

5～7世紀の渡来人の動きと歴史上の出来事

	歴史上の出来事
	高句麗《こうくり》が、百済《くだら》の都・漢城《かんじょう》を陥落させる。
が日本に移住？	
	百済聖明王《せいめいおう》が日本に仏教を伝える（538年とする文献もある）。
	新羅《しらぎ》が安羅《あら》国、高霊加耶《こうれいかや》国などの加耶の主要な国々を併合。
める。	用明天皇の没後に、蘇我馬子《そがのうまこ》が物部守屋《もりや》を攻め滅ぼす。
	聖徳太子が推古天皇を補佐して国政にあたる。
	新羅が浦上《からさし》八国を併合したため、加耶諸国はすべて滅亡する。
蝦夷《えみし》に従う。	中大兄《なかのおおえの》皇子が蘇我蝦夷、入鹿《いるか》を倒して大化改新を始める。
来る。	白村江《はくそんこう》の合戦。
に来る。	

年代	天皇	渡来人の動き
475年	雄略天皇《ゆうりやく》	
(5世紀末)	〃	東漢《やまとのあや》氏の祖、都加使主《つかのおみ》が日本に移住。
(5世紀末)	〃	このころ、秦《はた》氏の祖先が日本に移住?
(6世紀初め)	継体《けいたい》天皇	このころから、今来漢人《いまきのあやひと》と呼ばれる人びと
(6世紀なかば)	欽明《きんめい》天皇	王辰爾《おうしんに》が日本に移住?
(6世紀なかば)	〃	司馬達等《しめだちと》が日本に移住?
552年?	〃	
562年	〃	
569年	〃	王辰爾の甥、胆津《いつ》が白猪史《しらいのふひと》になる。
572年	敏達《びだつ》天皇	王辰爾、高句麗の上表文を解読する。
587年	(用明《ようめい》天皇)	秦河勝《はたのかわかつ》が聖徳太子に従って物部《もののべ》氏を攻
592年	崇峻《すしゅん》天皇	東漢駒《やまとのあやのこま》が崇峻天皇を暗殺する。
593年	推古《すいこ》天皇	
600年	〃	
609年	〃	止利仏師《とりぶつし》が法興寺《ほうこうじ》の本尊を完成させる。
645年	皇極《こうぎょく》天皇	蘇我氏の本家滅亡のとき、東漢氏が蘇我
663年	天智《てんじ》天皇	百済の滅亡後に大量の亡命者が日本に
668年	〃	高句麗の滅亡時に大量の亡命者が日本

渡来人とは何者か／もくじ

第三章 四世紀に、ヤマト政権と加耶の交流が始まった

第四章 東漢氏と結んだ蘇我氏はいかに勢力を拡大したか

終章 早くから日本に同化した「渡来系豪族」の栄枯盛衰

序章

古墳時代に日本列島に渡った膨大な数の移住者とは

DNA解析が覆した「渡来人」の定説

◉なぜ今「渡来人」が問題になるのか

今、日本人の起源に関する説が大きく書き換えられている。これまで日本古代史の研究者たちは、こう考えていた。

「もとから日本列島にいた縄文人と、弥生時代に渡って来た北東アジア系の弥生人が混じり合って日本人になった」

ところが科学的研究によって、このような「日本人二系統説」が、「日本人三系統説」に代わったのだ。「三系統説」とは、日本人は、縄文人と北東アジア系の弥生人と、東アジア系の古墳人との三系統から成るとする説だ。

この新しい説によれば、古墳時代に新たに日本に移住してきた人びとも日本人の先祖を構成する三集団のなかの一つであったことになる。

そのため、そのような人びとを、よそから渡って来た「渡来人」という特殊な集団として扱ってきた旧説は、見直さざるを得なくなる。

これまで日本古代史の研究者の多くは、漠然とした形で、このように考えてきたからだ。「古墳時代（二五〇～五五〇年ごろ）を中心とする時代に、大陸から日本列島に移住してきた人びとが『渡来人』である」

ところが「渡来人」と呼ばれてきた人びとは、日本人そのものだということになったのだ。このあと、日本人の起源に関する最新の科学的研究を紹介していこう。

◉DNAが語る古墳時代人の出自

令和三年（二〇二一）に、DNAを手掛かりにした科学的手法によって、古墳時代の日本人に関する衝撃的な事実が明らかにされた。（『パレオゲノミクスで解明された日本人の三重構造』〈Science Advances オンライン版二〇二一年九月一七日号〉）

金沢大学の覚張隆史《がくはりたかし》助教（現在、准教授）が、古墳人のDNAの遺伝情報の六〇パーセント余りが東アジア祖先のものである可能性を指摘したのだ。彼が「東アジア祖先」とした人びとは、第二章で詳しく説明するアジア人のなかの新モンゴロイド（中国人系）にあたる。

当時の高句麗《こうくり》南部と百済《くだら》、新羅《しらぎ》に相当する朝鮮半島北部、中部に居住していた新モンゴロイドが、古墳時代に大量に日本列島に渡って来たことになる。

日本人の三重構造

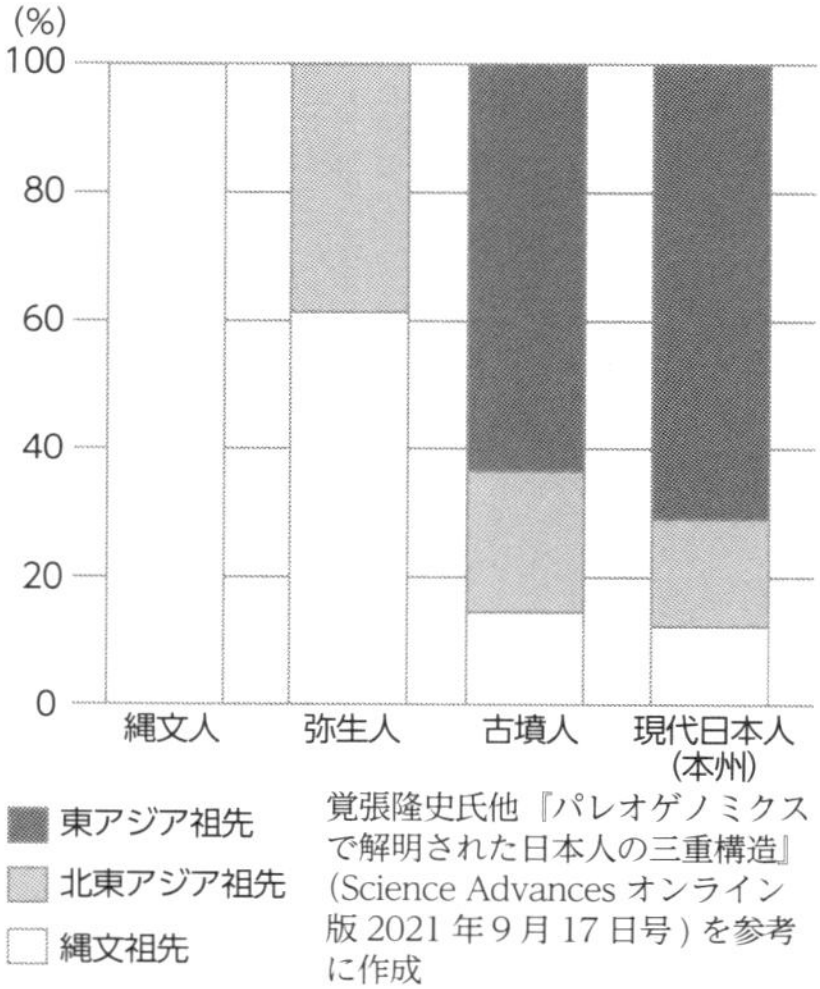

覚張隆史氏他『パレオゲノミクスで解明された日本人の三重構造』(Science Advances オンライン版 2021 年 9 月 17 日号) を参考に作成

この説が誤りでなければ、これまでの「渡来人」に関する定説が一気に崩れてしまう。その点については、このあとすぐ解説するとして、覚張氏の説の詳細を記しておこう。

覚張氏を中心とする、日本人、アイルランド人などから成る国際研究チームは、縄文時代から古墳時代にかけての一二体の人骨を調査した。それらの一体一体のDNAの遺伝情報を解析し、それをすでに公表されている縄文、弥生の人骨や八〇〇〇年前から三〇〇〇年前にかけての大陸の人骨の遺伝情報と比較したのである。

第二章で記すように、これまでに縄文時代の人骨が大陸のものとは異なる独自の遺伝情報をもっていたことが明らかにされてきた。また、弥生時代の人骨の遺伝情報に、ロシアのバイカル湖から中国の遼東《りょうとう》半島にかけての地域（北東アジア）の古代人の遺伝情報と共通する要素がある点も指摘されていた。

そして今回の覚張氏らの分析によって、古墳時代の人骨の遺伝情報が、中国の黄河流域などの東アジアの古代人の遺伝情報により近いことが発見された。それを示したのが、18ページに挙げた図である。そしてその図に従えば、現代の本州の日本人の遺伝情報の約七〇パーセントが、東アジア祖先のものであることになる。

この覚張氏らの報告は、わずか一二体の古代人の人骨の分析にもとづくものにすぎなかった。そして覚張氏らの研究の三年後に、現在の日本人の遺伝情報に関する理化学研究所の大掛かりな調査がなされた。それによって、日本人の祖先のなかの縄文系、北東アジア系、東アジア系の割合に関して、覚張氏らの説と異なる数値が出された。

しかし覚張氏らの研究が、「古墳時代に朝鮮半島北部、中部からきわめて多くの人間が日本列島に渡って来たこと」を明らかにした点は、高く評価すべきである。

◉「渡来人」は技術者や学者の集団か?

日本古代史の研究者は、誰も覚張氏が指摘したような事実を想像してこなかった。「古墳時代に、それまでの日本列島の住人の人数より多数の移住者が朝鮮半島の北部、中部から来るわけがない」と考えていたのだ。

「日本人の祖先は縄文人である」

などといわれたこともあった。しかし、日本古代史の研究者で、次のような主張をした者は一人もいなかった。

「日本人の主な先祖は、古墳時代に朝鮮半島北部、中部から渡って来た人びとだ」

それゆえ多くの研究者は、古墳時代に大陸の先進文化を伝えた、限られた人数の人びとを「渡来人」とする見方をとってきた。

現在の高等学校の日本史は「歴史総合」と「日本史探究」に分かれているが、後者の教科書である『詳説日本史』（山川出版社）に、次のようにある。

「この間（五世紀ごろ）、倭《わ》は百済や伽耶《かや》から様々な技術を学び、また多くの**渡来人**が海を渡って、多様な技術や文化を日本列島に伝えた」

「このような（朝鮮半島への出兵や倭の五王の遣使）朝鮮半島や中国との盛んな交渉の中で、より進んだ鉄器・須恵器《すえき》の生産、機織《はたお》り・金属工芸・土木などの諸技術が、主として朝鮮半島からやってきた渡来人によって伝えられた」

しかし覚張氏に指摘されたような、古墳時代の日本列島の人口の半数以上に及ぶ朝鮮半島北部・中部からの移住者すべてが、何らかの先進技術の持ち主であったわけではない。

さらに私は、きわめて多数の移住者を受け入れても、古墳時代の社会の構造がほとんど変わらなかった点にも注目したい。

人口が大幅に増加しても、ヤマト政権の君主は、皇室の祖先にあたる大王のままであった。さらに第二章で説明するように、弥生時代以来の各地の首長（豪族）が、日本列島に割拠《かっきょ》する形も、もとのまま保たれていた。

日本人のルーツと「渡来人」の関係

◉理化学研究所の新説

令和六年（二〇二四）、四月になって理化学研究所が、覚張隆史氏らの新見解を補う研究成果を発表した。寺尾知可史《ちかし》氏をチームリーダーとする共同研究グループが、日本人の先祖は三系統から成ることを明らかにしたのである（『全ゲノム解析で明らかになる日本人の遺伝的起源と特徴』〈Science Advances 二〇二四年四月一七日号〉）。

この共同研究グループは、バイオバンクジャパンから提供された三二五六人の日本人の全遺伝情報（ゲノムとは個々の遺伝情報を全部集めたもの）を分析した。

そしてそれをもとに日本人の祖先は、三つの源流をもとにつくられたとする新説を打ち出した。

三つの源流とは、「縄文系祖先」「関西系祖先」「東北系祖先」である。大雑把にいえば、そのなかの「縄文系祖先」が覚張氏らが縄文人とした集団にあたり、「関西系祖先」が東アジア祖先（新モンゴロイド）、「東北系祖先」が北東アジア祖先（古モンゴロイド）に相当する。

さらに理化学研究所の共同研究グループは、日本の地域ごとの遺伝情報の特性についても明らかにした。かれらは全国を北海道、東北、関東、中部、関西、九州、沖縄の七地域に分けて考察した。

縄文系の祖先の比率はかなり少なかった。沖縄が最も高く二八・五パーセントで、それに次ぐのが東北地方の一八・九パーセントになるというのだ。このことから、現代でも沖縄と東北地方に縄文人の流れを引くものが比較的多く残っていることがわかる。

理化学研究所の寺尾知可史氏らの共同研究に従えば、現代の日本人の遺伝情報のおおむね一五パーセントが縄文由来のものということになる。これまでにも現代の日本人のDNAの約二〇パーセントを縄文系とする推計が出されたこともあった。

◉三系統の日本人の祖先の割合

今のところ私は、現代人の遺伝情報の一五～二〇パーセント前後が縄文系、二五パーセント前後が東アジア系、五五～六〇パーセント前後が北東アジア系だと考えている。

現代の関西では、古代の黄河流域の中国人と共通する遺伝情報をもつ関西系祖先の者が目立つ。そのため、現代の関西人の四〇パーセント程度が、「関西系祖先」、つまり古墳時代に日本列島に渡って来た新モンゴロイド（中国人系民族）の子孫となる可能性もある。

九州にも「関西系祖先」の現代人が三〇パーセント余りいるが、東北地方では「関西系祖先」の者が十数パーセントにすぎない。

理化学研究所の共同グループが「東北系祖先」としたのは東アジア北東部から来た弥生人の流れを引くものにあたる。かれらは、現代の日本人の半数以上の人数となる。

そして、「東北系祖先」の日本人は、東北地方に最も多い。東北地方の現代人の六十数パーセントが、「東北系日本人」の子孫である。そして、中部以東では、「東北系祖先」の者が五〇パーセント以上を占めている。

これまで紹介してきた理化学研究所の共同研究グループの詳細な研究によって、全人口の四分の一ほどの現代人が古墳時代の移住者の子孫であることを認めざるを得なくなった。金沢大学の覚張氏らの研究は、わずか一二体の古代人の人骨だけを根拠としていた。

しかし理化学研究所では、三三五六人という大人数の遺伝情報を分析するという大掛かりな作業がなされた。そして三〇〇〇人余りの現代人の遺伝情報のなかの二五パーセント近くが、古代の黄河流域の中国人の遺伝情報と共通のものである点が明らかになった。

かつて覚張氏は古墳人の六〇パーセント余りが「東アジア祖先」としたが、理化学研究所の詳細な研究に従えば、古墳人の二五パーセント程度が「東アジア祖先」であったことになる。

◉「渡来人」は古代日本人となった

これまで記したような最新のＤＮＡの研究から、現代の日本人の約二五パーセントが古墳時代の日本に来た東アジア系の人間の子孫であった可能性が高くなった。

その想定に従えば、古墳時代末の日本列島の住民の約二五パーセント前後が、高句麗や百済、新羅から古墳時代に移住した新参者であったことになる。奈良時代の日本の人口を約六〇〇万人とする推計があり、古墳時代末の日本には五五〇万〜五六〇万人の人間がいたといわれている（小山修三氏による）。

そうだとすれば、一三〇万～一四〇万人ほども見られた古墳時代の移住者を、「渡来人」という特殊な集団とすべきではあるまい。

かれらは、古墳時代の日本列島の住民の約二五パーセントにあたる大きな部分を占める集団であった。そうなると私たちは、このように考えざるを得ない。

「日本人という民族は、縄文人、北東アジア祖先アジア人、東アジア祖先アジア人の三種類の人間が混じり合ってつくられた」

日本人の祖先にあたる一三〇万～一四〇万人の東アジア祖先の人びとを、「新たな移住者」や「外来の人びと」を意味する「渡来人」と呼ぶべきではあるまい。

日本古代史の研究者は、長期にわたって「日本に大陸の技術を伝えた移住者」を「帰化《きか》人《じん》」と呼んできた。しかしそのような技術者の他に、きわめて多数の平凡な農民が大陸からやって来たのだ。

「多人数の移住者がいた」といっても、多人数の集団が一挙に日本列島に移住したわけではない。一家族ないし二、三家族程度の小集団が、ばらばらに日本列島に渡って来たのだ。そして三〇〇年ほどの間に日本列島に入ってきた多数の小集団の人数を合わせると、当時の日本列島の人口の約四分の一近くという驚くべき数字になったのだ。

有力な軍人が率いた多人数の東アジア系の集団が、一挙に日本列島全体を征服したのではない。

古墳時代の移住者は各地の首長（豪族）が治めた、人口数百人から二〇〇〇人程度の「村社会」の集合体に迎えられた。そのあと東アジア祖先の者は、何代にもわたって以前からいた縄文系や北東アジア祖先の人びとと婚姻を繰り返し、「日本人」という集団の一員となっていった。

このあと、ある程度の推測を交えながら、古代の日本の「村社会」と移住者との関係について記していこう。

縄文人とその文化は日本のルーツなのか

◉人間が重んじられた縄文時代の社会

日本史の研究者の多くは、このように考えている。

「縄文時代に、日本文化の原型がつくられた」

縄文人はあらゆる自然物に精霊《せいれい》（霊魂）が宿るとする精霊崇拝《すうはい》（アニミズム）の考えに立

って、独自の縄文文化を育てた。かれらは、自然界に、目に見えない無数の精霊がいると考え、雨、風などの自然現象は、精霊たちの力によって起こると信じていたのだ。

そのため縄文人は、山の神、海の神、太陽の神、雨の神、風の神などの多くの神々を祀《まつ》った。このような信仰は、そのまま現代の神道に受け継がれた。日本の文化は、縄文的な神道思想のうえに発展してきたのである。

しかし縄文人が、そのまま日本人になったわけではない。縄文人は多くの移住者を自分たちの仲間として取り込んでいって、古代の日本人となった。あとに記すように、新羅が主導した朝鮮半島統一の動きのなかで、徐々に「ヤマトの民（日本人）」といった意識がつくられていった。

そして七世紀末に天武天皇のもとで中央集権がなされ、天皇号と「日本」の国号が使われ始めた。このあたりで、ようやく「古代の日本人」といったまとまりが明らかになった。

それ以前の日本列島の社会や住民の考えは、世界史のなかで見てきわめて特殊なものであった。

ヨーロッパ、中近東などでは、古い時代に多くの排他的な民族集団がつくられてきた。そして民族間の勢力争いがさかんに行なわれた。そのような争いのあとで、勝者が敗者を虐殺したり、奴隷として従えた場合も少なくない。

ところが縄文人は、新たな移住者を仲間として扱い、平和な形で自分たちの社会に取り込んだ。

かれらが、新参者の移住者も「自分たちと同じ尊い精霊を宿した（善良な魂をもつ）人間だ」と考えたためだ。精霊崇拝をとる者は、あらゆる人間も、あらゆる動植物も善良でかけがえのない存在だと信じていた。そのため、前に記したように弥生時代に多人数の北東アジア祖先の人びとが日本列島に迎えられた。次いで古墳時代に、東アジア祖先の者たちが日本列島の住民に加わることになった。

◉多くの盆地世界の集合であった日本

日本列島には豊かな自然があり、河川の水も豊富である。そのために古代の日本に土地争いは起こらず、多様な人間を受け入れる社会がつくられたと考えることもできる。また精霊崇拝をとる縄文人の流れを引く日本列島の住民が、生命を重んじ無益な争いを好まなかったともいえる。

周囲を海に囲まれた島国である日本列島の大部分は、山地や微高地から成っている。そのため日本には、山に囲まれた盆地や、三方を山、もう一方を海で隔てられた小平野が多く見られた。

そのため近代以前の日本に、「盆地世界」とでも呼ぶべき閉鎖的な地域が多くつくられた。一つの盆地が古代豪族や中世の有力な武士、江戸時代の藩の領域になったところも少なくない。

縄文時代には、一つの盆地に人口一〇〇人から二〇〇人程度の集落がいくつかつくられた。そして個々の集落で、構成員の多くが何らかの血縁関係でつながる「村社会」ができた。

弥生時代に水稲耕作が広まったあとも、日本の社会は、「村社会」の集合体であった。一つの盆地や海岸沿いの小平野の草木が繁った原野に、ぽつりぽつりと人間が住む集落が見られたのだ。

◉土地を大地の神の持ち物とした古代人

古代の日本では、個々の集落の周囲にいくらでも土地があった。人手があれば、思いのままに原野を開墾《かいこん》して水田にできる。そのような時代に、こういった考えができた。

「集落の周囲の土地は、村社会の者が祀る大地の神の持ち物だ」

人々が祀る土地の守り神は、古代に「国魂《くにたま》」と呼ばれた。現代でもさかんに祀られている「顕国玉《うつしくにたまの》（魂）神《かみ》」の別名をもつ大国主命《おおくにぬしのみこと》は、国魂信仰を引く神である。土地を「大地の神の持ち物」と考えていた時代には、働き手となる人間がたいそう貴重であった。

だから日本各地の弥生時代の集落は、大陸からの移住者を歓迎したと考えられる。弥生時代前期（紀元前八世紀〜前二世紀）の一つの集落の人口は、二〇〇〜三〇〇人程度だと見られる。そして前に記したように弥生時代の移住者の多くは、一家族から二、三家族単位で海を渡ってきたらしい。

二〇〇人の集落に、十数人程度の移住者が加わっても、大きな対立は起こらなかっただろう。一つの集落の人口が三百数十人ほどに増えたときには、一つの集落が二つに分かれたと考えてよい。

弥生時代中期末にあたる紀元前二世紀末ごろから各地に、小国が出現した。一つの盆地社会の全体、もしくは二分の一か三分の一の集落を束ねる有力な首長が出現したのである。

そのあたりのことは、のちほど詳しく説明するが、小国ができたあとも個々の集落の自治は重んじられていた。そしてそのような開放的な集落が、長期にわたって移住者たちを受け入れたのである。

弥生時代中期と後期には北東アジア祖先の、古墳時代には東アジア祖先の人びとが、各地の集落の構成員に迎えられたのである。

移住者を受け入れた縄文人の実像

◉縄文人の起源に関する新説

日本列島の各地に、旧石器時代（一二万年前ごろ～一万四五〇〇年前ごろ）の遺跡が見られる。しかも日本の旧石器時代の終わりに、北方から細石刃《さいせきじん》という鋭い石器が伝わっていた。

そのためかつて、旧石器時代の日本列島の住民が縄文人になったと見たうえで、縄文文化を北方系の文化を引き継ぐものとする説がとられていた。ところが最近になって、「縄文人は南方から来た」とする新たな説が出された。

それは、縄文人をホアビニアン文化を残したホアビニアン人の子孫だとする説である。六万年前にインドネシアからベトナムにかけての地域に、ホアビニアン文化という独自の文化が見られた。約七万年前にアフリカを出てアジアの南方に向かった集団が、ホアビニアン文化を残したと見られている。

ホアビニアン文化は、四〇〇〇年前ごろに雲南（中国の雲南省）や中国の華南から南下した移住者の流入によって、姿を消したといわれる。

このホアビニアン人のDNAを調べたところ、それが縄文人に近いことがわかったのである。第二章でも詳しく説明するが、以前から縄文人のDNAは、アジア北方の古モンゴロイド（原アジア人）や、そこから分かれたアメリカ先住民のDNAと多少異なる点が指摘されていた。

そのため、このような説が出された。

「ホアビニアン人は、北方のフィリピンから台湾に広まった。さらにそこから旧石器時代にあたる三万八〇〇〇年前ごろの日本列島にいたった集団が、縄文人の先祖になった」

日本列島では、一二万年前ごろから、旧石器時代の遺跡が見られた。しかし三万八〇〇〇年前ごろまでの旧石器時代の遺跡は、きわめて少ない。ホアビニアン人の集団の移住をきっかけに、日本列島の人口は急速に増加した。そして旧石器時代後期という新たな時代が訪れた。

ホアビニアン人の流れを引く人びとは、しだいに人口を増やして北上し、沖縄から日本列島全体に広がった。そして旧石器時代前期、中期から日本列島にいた新人（ホモサピエンス）をも仲間に取り込み、縄文人になっていったのであろう。

このような縄文人が、弥生時代開始期以後、長期にわたって新参者を快く受け入れたのであろう。

◉弥生時代の移住者と古墳時代の文化

第二章でも説明するが、二万年前ごろに古モンゴロイド（原アジア人）から進化した新モンゴロイド（中国人系民族）の集団は、まず黄河流域を目指して大挙して南下したらしい。そのためシベリア北東部から遼東半島のあたりにかけての地域に、古モンゴロイドの諸部族が残されることになった。

かれらのなかには朝鮮半島南端まで南下した部族もいたが、そのなかの一部は朝鮮半島南端で縄文系の人びとと混ざり合った。七〇〇〇年前ごろから九州などの縄文人が、朝鮮半島南端と盛んに交易するようになったためである。このころ、かなりの数の縄文人が、朝鮮半島南端に移住して集落を営むようになったらしい。

中国人が黄河流域で独自の文明を発展させるなかで、中国人の人口増加が目立つようになっていった。そのため約三万年前ごろから、多くの中国人が遼東半島から朝鮮半島北部、中部にかけての地域に移住してきた。

そのため中国人に追われる形で、朝鮮半島南端の人びとが、日本列島にやって来たのである。かれらは水稲耕作をふまえた弥生文化をもっていたが、弥生時代初期の遺跡からは縄文風の出土品も多く出てくる。

北東アジア祖先の移住者が、縄文系の住民と対立せずに縄文文化を受け入れたありさまがわかる。

これに次いで古墳時代に、東アジア祖先の人びとの新たな移住の波が来る。しかしかれらだけが大陸文化を日本列島に伝えたのではない。縄文系や弥生系の日本列島の豪族も古墳時代に意欲的に朝鮮半島の文化を持ち帰っていた。このあと「渡来人」と呼ばれた者の実態や、古墳時代の日本における大陸文化のあり方について、ていねいに考えていくことにしよう。

第一章

渡来系豪族を「渡来人」と総称すれば、歴史を見誤る

「渡来人」は、戦後の古代史研究者がつくった言葉

◉「帰化人」と呼ばれていた「渡来人」

日本古代史の研究者の多くは、「五世紀末から七世紀末にいたる時期の日本の文化は、『渡来人』と呼ばれる人びとのはたらきによって、大きく発展した」と考えてきた。

この期間は、時代の区分では中期末以後の古墳時代と飛鳥《あすか》時代（五五〇〜七〇九年ごろ）に相当する。

これから説明するように、「渡来人」と呼ばれる人びとの実態は複雑かつ、きわめてわかりにくい。それでも、これまでに多くの日本古代史の研究者が、「渡来人」を扱った研究を発表してきた。「渡来人」についてふれなければ、ヤマト政権の正確な歴史を記せないとされたからである。

しかし私は、「渡来人」という表現は適切なものではないと考えている。厳密にいえば、それは「渡来系豪族」とすべきものであろう。

ヤマト政権で活躍した「渡来系豪族」は、そう多くはない。東漢《やまとのあや》氏、秦《はた》氏、今来漢人《いまきのあやひと》と

されたいくつかの豪族と、それらに関連した限られた数の豪族が見られるだけだ。ヤマト政権では、葛城《かつらぎ》氏、物部《もののべ》氏などの古くから大和とその周辺（畿内）にいた豪族が主導権をもっていた。

古墳時代から飛鳥時代にかけての大陸の先進文化の輸入の担い手の多くは、そのような旧来の豪族であったと私は考えている。現在の日本古代史の研究者が「渡来人」と名付ける人びとは、戦前には「帰化人《きかじん》」と記されてきた。しかし「渡来人」も「帰化人」も、日本古代史の研究者が新たにつくった言葉であって、日本古代の文献で用いられたものではない。

つまり、聖徳太子、蘇我馬子《そがのうまこ》、藤原不比等《ふじわらのふひと》ら古代日本の政治家が、「帰化人」や「渡来人」の言葉を口にすることはなかった。

渡来系と称した秦河勝《はたのかわかつ》ら古代の豪族でも、「帰化人」や「渡来人」と呼ばれたら、不快に感じたであろう。

◉「帰化人」も「渡来人」も〝政治的意図〟からつくられた

現在の日本古代史の研究者や、古代史好きの一般読者の多くは「渡来人」という言葉から、次のような人びとを想像するであろう。

「大陸の高度な文化を身に付けた、日本文化の発展に大きく貢献した人びと」

この評価は、決して誤りではない。これに対して「帰化人」という言葉を聞いた、戦前の人びとは、こう思った。

「ヤマト政権で名門の豪族、貴族たちより低く扱われた移住者」

こちらも、ある程度の事実を踏まえてはいる。しかし「帰化人」と一まとめにされると、かれらが、蘇我氏、物部《もののべ》氏といった古くからの有力豪族の下で働いた技術者であるかのように評価されてしまう。

「帰化」とは、『日本書紀』に出てくる言葉である。この他に、「来帰《らいき》」、「投化《とうか》」、「化来《けらい》」という漢語も、「帰化」と同じ意味に用いられている。

それらの漢語は、やまと言葉では「おのずからもうく」、もしくはそれを省略した「もうく」と訓《よ》まれていた。大王《おおきみ》（天皇）に仕えるために「みずから参り来た」のが「帰化人」だというのである。

明治時代後半以後の日本は、朝鮮半島から中国東北地方（満州）へと勢力を伸ばしていった。この動きのなかで、政府に近い立場をとる歴史研究者の間に「日鮮（朝）同祖論」

というものが広がっていった。それは、日本と朝鮮半島の文化はもともと言語、宗教、習俗などを共有する同祖の関係にあると主張したものである。

しかし、これは、確実な根拠のない乱暴なものだった。このような「日鮮（朝）同祖論」に立つ「帰化人」の評価の代表的なものとして、有力な哲学者で東京帝国大学教授の和辻《わつじ》哲郎《てつろう》氏の説を挙げよう（『日本古代文化』岩波書店刊）。

和辻氏は、古代の朝鮮と日本は彼我《ひが》の差別が少なく、国家意識は稀薄《きはく》で相互の混血もきわめて多かったという。だから帰化人は優遇され、日本国民にたやすく同化融合されたとかれは主張した。

しかし、あとで説明するように、日本と朝鮮半島南部の国々の文化は、邪馬台国《やまたいこく》の時代にあたる三世紀の中国東方の国々について記した『三国志《さんごくし》』の時点で、かなり異なっていた（40ページの図）。

戦前の、大陸への進出を正当化する政治的意図をもってつくられた「帰化人」という言葉は、戦後も用いられてきた。ところが一九六〇年代末ごろになると、一部の日本古代史の研究者から、

「『帰化人』は、古代の朝鮮半島の住民を差別するものではないか」

邪馬台国の時代(2世紀末〜3世紀前半)の東夷の文化

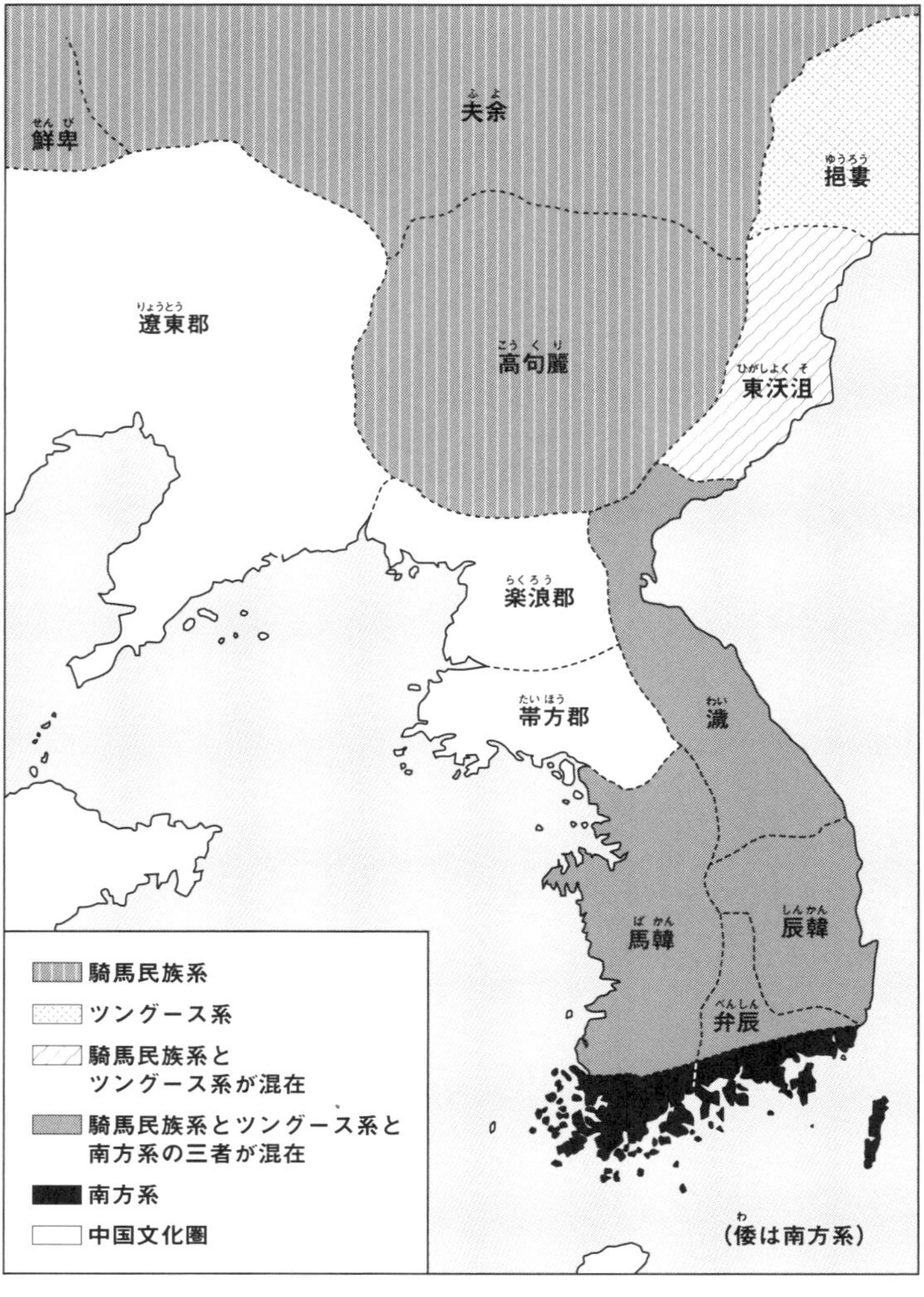

とする主張がなされた。

そのため、一九七〇年代に入ると「渡来人」の言葉を用いる研究者が増えてきた。さらに、何人かの作家や日本古代史の研究者が、古代日本の「渡来文化」の素晴らしさを宣伝《せんでん》する本を意欲的に発表した。これによって「高度な文化をもつ渡来人」という漠然とした心象《しんしょう》（イメージ）がつくられていったのである。

しかし、「渡来人」とは、一部の日本古代史の研究者によって意図的につくられた概念である。そのことを理解したうえで、以下の記述を読んでほしい。

次項では、「渡来人」という言葉に対する私の疑問を述べておこう。

「渡来人」と総称するのがふさわしくないわけ

◉「アメリカ先住民」を何と呼ぶか

渡来系豪族を「渡来人」と総称することは、白人に征服される前のアメリカの住人を「インディアン」と呼ぶのに等しい行為であるらしい。

イギリス人などの白人が移住してくる前の北アメリカ大陸には「アメリカ先住民」と呼

ばれる民族の集合体が存在していた。かれらは日本人や中国人などと同じアジア系の人種で、四万年前ごろにベーリング海峡を渡って、南北アメリカ大陸に来た人びとだといわれている。

南アメリカのアメリカ先住民は、マヤ、アステカ、インカなどの国をつくったが、北アメリカでは、国単位の先住民のまとまりは見られなかった。北アメリカの先住民は、アパッチ族、スー族などと呼ばれる、比較的大規模な部族を単位に行動していた。

集落を営んで生活する、主に血縁者から成る集団が氏族《しぞく》である。この氏族をまとめたものが、部族になる。

このような独立した部族が並び立つアメリカ先住民の社会は、チンギス・ハンの統一以前のモンゴルの部族社会に似ていた。もし有力な指導者が一人現れれば、北アメリカにアメリカ先住民の国が出現したであろう。

アメリカ先住民は呪術的な多神教を信仰し、農業や狩猟によって平和な生活を営んでいた。ピューリタンと呼ばれるイギリス人のカルヴァン派新教徒が移住してきたときに、素朴な先住民は、白い肌の新参者と親しく交流したと記録されている。

しかし、アメリカ（アメリカ合衆国）やカナダに多くの白人が渡って来て開拓を進めたことにより、アメリカ先住民は土地を追われ、その数を減らしていった。

北アメリカの先住民は、比較的近年まで英語で「インディアン」と呼ばれてきた。これは、スペイン人で最初にアメリカに到達したコロンブスが、アメリカ先住民を「インディオ」と名付けたことによるものである。スペイン語のインディオが、英語圏でインディアンになったのだ。

インディオとは、本来は「インド人」を表す言葉だが、これは、コロンブスが活躍した一五世紀のスペインで、アジア人全体をインディオと呼んでいたからだ。

それゆえ、近年になって「アメリカ先住民を誤ってアジア人としたコロンブスの考えに立つ名称は、適切でない」という声が起こったのである。

◉東漢氏、秦氏と個々の氏の名称で呼ぶのが正しい

「インディオ」や「インディアン」に代わるそこそこ妥当な名称として、第二次世界大戦後に「アメリカ先住民」の語が使われるようになってきた。ところが、「アメリカ先住民」の言葉が広まっていくなかで、アメリカ合衆国の先住民の子孫らから、

「『アメリカ先住民』と呼ばれることは不快である」

とする声が広がってきた。

「アメリカ合衆国の地は、もともと私たちの国であった。イギリス人などの白人は、新しくやってきた移住者、つまり『渡来人』にすぎない」

歴史的に見れば、このような考えが妥当《だとう》である。

そのため、物のわかったアメリカの歴史研究者は、「アメリカ先住民」と呼ばれる人びとの気持ちに配慮して、かれらのことを「アパッチ族」、「スー族」などの部族名で呼ぶようになってきた。

白人が移住してくるまではもちろん、アメリカ先住民が完全に白人の社会に取り込まれた時期にいたるまで、アメリカ先住民は部族単位の生活を送っていた。

かれらが「私たちインディアンは……」とか、「インディアン嘘《うそ》いわない」などと語る場面は、白人がつくる西部劇のなかだけのものである。かれらのなかには現在まで、

「私は○○族の流れをひくアメリカ人である」

と考えている者も多い。それゆえ、歴史的に見れば「アメリカ先住民」とされる人びとを、部族名で「アパッチ族は……」と呼ぶのが正しいのであろう。

それでも北アメリカの報道機関（マスコミ）などは、学術的な特別の記述以外は現在で

も「アメリカ先住民」の言葉を用いている。

ところで、筆者は前項で、古代日本は東漢《やまとのあや》氏、秦《はた》氏などをまとめて「渡来人」と呼んだ例はまったくないことを示しておいた。

それゆえ私は、渡来系と称した豪族をアメリカの「アパッチ族」「スー族」などの呼び方にならって東漢氏、秦氏などの個々の氏《うじ》で表記するのがよいと考える。そのうえで、個々の氏をそれぞれ自立したものとして扱うのが妥当である。その意味で、本書の以下の記述は、なるべく「渡来人」のような用語を用いないように気をつけて進めることにしよう。

他に、朝廷が東漢氏、秦氏などをまとめて「蕃別《ばんべつ》」「諸蕃《しょばん》」と呼んだ例はある。しかし、その言葉は、渡来系と称した豪族（以下「渡来系の豪族」とする）の特別な役割が失われた平安時代になって、初めて出てくるものだ。

渡来系の氏族の本来の性格とは、まったく関わりのないところで使われた「蕃別」という言葉については、のちほど詳しく説明しよう。

なお、ここまでの記述では、「帰化人」と「渡来人」の言葉が、日本古代史の研究者の特別の意図によってつくられたものであることを強調するために、帰化人と渡来人の語に「」をつけた。次項からは、不必要に煩雑になるのを避けるために、帰化人と渡来人の

「　」を省略することにしよう。

渡来人の捉え方は、研究者によってまちまち

◉戦後、渡来人の評価が一転した

戦前には、日本古代史は王族や名門とされる有力豪族を主役にして書かれてきた。それは、『古事記』や『日本書紀』の記述にそのまま従ったものである。これは『古事記』や『日本書紀』のもとになった『旧辞《きゅうじ》』が王家の歴史を描いたものであったためである。

『日本書紀』には、飛鳥時代に相当する欽明《きんめい》天皇の時代から、持統《じとう》天皇の時代にわたる政治史に関する詳しい記述がある。そこではヤマト政権の有力者たちのさまざまな活躍が、生き生きと描かれている。

大王《おおきみ》たちや聖徳太子、中大兄皇子《なかのおおえのみこ》、大海人皇子《おおあまのみこ》などの有力な王族と、蘇我《そが》氏、物部《もののべ》氏、大伴《おおとも》氏、中臣《なかとみ》氏（藤原氏）などの豪族が、あれこれ絡み合うのだ。渡来人をはじめとする中小豪族は、有力者に従う脇役にすぎない。

『日本書紀』は、渡来人が新たな技術や学問を中国や朝鮮半島から日本に持ち込んだとす

る伝承をいくつか記している。しかしその記事は、それほど重要なものとして扱われてはいない。だから戦前の日本古代史の研究者は、帰化人にそれほど注目してこなかった。
戦争直後の、日本古代史研究を代表する研究者の一人とされる関晃《あきら》氏が初めて、そのような渡来人（帰化人）研究のあり方に鋭い疑問を投げかけた。長文になるが、関氏の意見を紹介しよう。
「以前は日本人の固有の文化とか素質とかいうものを、何かむやみに高いものときめてかゝる風潮があって、帰化人のはたらきは、いかに大きなものだったにしても、結局はそういう固有のものの発展を外から刺戟《しげき》し、促進したにすぎないという見方が強かった。しかし実際は、彼らがその時その時に日本に持ち込んだ技術や知識や文物は、当時の日本のものにくらべて、桁《けた》ちがいに進んだ高度なものだった。そして、それによって初めて、日本の社会は新しい段階に足をふみ入れることもでき、また新しい精神的な世界を展開させることもできたのである。だから、彼らの持ち込んだものが、新しい時代の主人公となっていったと言っても言い過ぎではない」（関晃『帰化人』至文堂刊、一九五六年）
関氏はこのように、渡来人が持ち込んだ文化が、日本文化を大きく発展させたと評価したのである。そのあと日本古代史研究者の多くが、渡来人について関氏のような評価をとるようになった。

◉渡来人の役割を過大評価していないか

『日本書紀』などの記事では、渡来系の（渡来系と称した）豪族は脇役にすぎない。しかし、関晃氏は『新撰姓氏録《しんせんしょうじろく》』という文献などを根拠に、渡来系の豪族の数が思いのほか多いことを指摘する。

そこからかれは、渡来人は「全体としては案外大きな数に上るであろう」（前掲の『帰化人』）としている。しかし同時に、関氏は、渡来人の実数がどれほどかは明らかにできないとする。

なぜなら、『日本書紀』などに見える渡来人に関する記述に、大きな誇張があるからである。渡来人の実態をつかむ手がかりとなる、確かな文献はない。

そのうえ渡来系の系譜を称する諸蕃のなかに、在来の中央豪族の流れを引く豪族がかなり見られるのである。

しかし、一九七〇年代以後に、日本古代史の研究者によって渡来人の役割を強調する風潮が高まった。そのなかで、中国や朝鮮半島から渡来した文化の見られるところを、すべて渡来人の居住地とした研究が多く出された。

しかし、日本列島の住民が朝鮮半島に渡って、向こうの技術を日本に持ち帰った例もきわめて多数にのぼったろう。また、渡来人の技術者から新たな技術を学んだ者が、渡来系といわれる姓《せい》を名乗る例もかなりあったらしい。

一つ例を挙げよう。

大和時代（古墳時代）の日本では、弥生式土器《やよいしきどき》と同じ技術を用いた土師器《はじき》という土器が広く用いられていた。そして四世紀末ごろ、朝鮮半島の新たな技術を使った韓式土器が出現し、ついで須恵器《すえき》（陶器）と呼ばれる陶質《とうしつ》の頑丈な土器が、広がり始めた。

須恵器の製造にあたった人びとは陶部《すえべ》と名乗っていたが、この陶部がすべて新たな移住者だったわけではあるまい。陶部の九割以上の人びとは、間違いなくもとから日本にいた人間であろう。

このような陶部の職人は、自家の権威を高めようとして渡来系の系譜を自称したと思われる。さらに、古くからいた日本の中小豪族が、自家は遠くの国の名門の流れを引く渡来系の豪族だと称した例も少なくあるまい。

あれこれ関連文献を調べていくと、渡来人の実態はじつにわかりにくいことが明らかになってくるのだ。

本書ではこれから、中国、朝鮮半島、日本の古代史を見通したより広い視野に立って、渡来人の確かなところを探求していくことにしたい。そのため、まずは、古代朝鮮の諸民族について説明しておこう。

第二章

「渡来人」の時代以前の中国、朝鮮半島、日本

激動の朝鮮半島史が日本列島への移住者を生んだ

◉さまざまなアジア系民族が集った地

まずは、古代の朝鮮半島の歴史について簡単に説明しておきたい。以下の記述はかなり複雑なので、年表（58ページ）を参照しつつ読み進めることをおすすめする。

朝鮮半島は、ユーラシア大陸の東の外れに位置している。そのため、そこには古くから、さまざまな系統のアジア人が集まってきた。

ここでアジア人に、二系統のものがいることを説明しておこう。

現在の人類のもとになる新人《しんじん》（ホモサピエンス）は、約三〇万年前にアフリカに出現したと考えられている。

この新人が約七万年前にアフリカを出て各地に広がり、その土地の気候に適応する体形に変化して白人、アジア人などに分かれていったとされる。

寒い地域で生活する者は、体に脂肪を蓄《たくわ》えて大きめの体と白っぽい肌をもつようになった。そして暑い地域の者は、小さめの体と色の濃い肌になったという。

「グレートジャーニー」と呼ばれる新人の拡散によって、アジアの大半と南北アメリカに原アジア人（古モンゴロイド）が広がったと考えられている。

ところが、地球が寒冷化したヴュルム氷期《ひょうき》に、原アジア人の一部が中国人系民族（新モンゴロイド）に進化した。

ヴュルム氷期は約七万年前から約一万年前まで続いた最後の氷期で、約一万年前から現代にいたる時期は後氷期《こうひょうき》と呼ばれている。ヴュルム氷期の東京あたりの気温は、現在の札幌あたりの気温にまで下がっていた。

ヴュルム氷期のさなかに、アジア北方の氷河のなかで生活していた原アジア人がいたといわれる。かれらは、現在のアメリカのイヌイット（エスキモー）のような氷の家で暮らして、動物や魚をとっていたのであろう。

そして、今から約二万年前に、バイカル湖北方の原アジア人が寒冷地に適応して進化し、中国人系民族になったのではないかとされている。寒さに適応するために、胴体は大きめで手足は短く、顔や鼻は細く、まぶたに脂肪がついて一重まぶたになったのだ。このような人びとは、一万年前ごろに氷河が消えていくなかで各地に広がり始めた。

かれらの一部は、大きく南下して中国人となった。そして中国人が移動したあとに、モンゴル人や満州族、朝鮮族といった中国人系民族（新モンゴロイド）が広がっていった。

このなかの朝鮮族によって南方に追われた韓族は、日本人と同じ原アジア人であった。

◉多様な民族の勢力争いの場となった朝鮮半島

日本の弥生時代中期に相当する紀元前一世紀末の朝鮮半島南部には、濊人《わいじん》、韓人《かんじん》、それに倭人《わじん》が居住していたという中国の記録がある。

濊人とは、シベリアからロシア領の沿海州を経由して南下してきた人びとである。かれらはシベリア南東部などに分布する原アジア人で、ツングース系の文化をもっていたと考えられる。

韓人はきわめて古い時代に、シベリアから中国東北地方を経由して南下してきた原アジア人らしい。かれらは、紀元前一万四〇〇〇年あたりに、朝鮮半島南部にまばらな広がりを見せていたと考えられる。

濊人、韓人、倭人の来た道

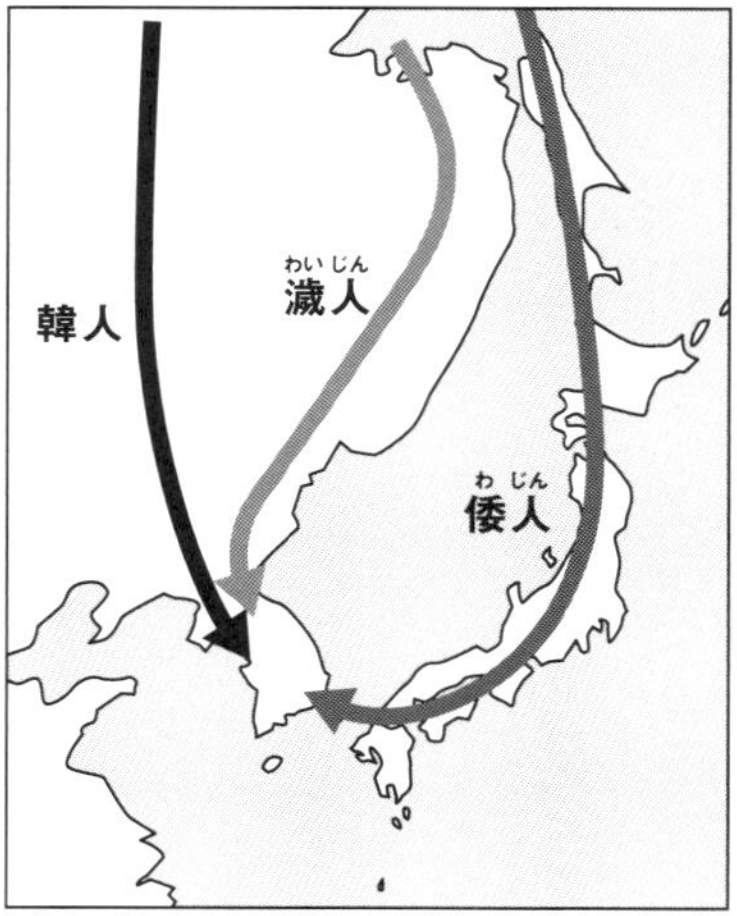

数はそう多くはないが、日本から朝鮮半島南端に渡って来た縄文人の流れをひく倭人もいた。

紀元前一世紀末の朝鮮半島北部には、満州族、朝鮮族といった騎馬民族系の移住者も多くいた。かれらは中央アジアを故郷とする、モンゴル人と同系統の文化をもつ中国人系民族（新モンゴロイド）である。

騎馬民族は八〇〇〇年前ごろから、急速に人口を増やし、東方の中国東北地方（満州）や朝鮮半島に広がったのである。

朝鮮半島北部にいた韓人の大部分は、騎馬民族系の人びとに追われて、朝鮮半島南部の韓人と合流したと考えられる。

あとで詳しく説明するように、中国人も、朝鮮半島北部に勢力を伸ばしていた。それゆえ五世紀ごろまでは、朝鮮北部の人口密度は、朝鮮半島南部の人口よりはるかに高かったのだ。

◉騎馬民族系の勢力に追われ、日本へ

六七六年に新羅《しらぎ》という王朝が、初めて朝鮮半島を統一した。それまでの朝鮮半島はいく

つもの国に分かれて抗争を繰り返してきたが、これらは騎馬民族系の北方の勢力が、南方の韓人などを支配下に組み込もうとして起きた争乱であった。

新羅統一の年は、日本の壬申《じんしん》の乱（六七二年）の四年後にあたる。日本では壬申の乱をきっかけに、天武《てんむ》天皇（大海人《おおあま》皇子）の指導のもとで、中央の官僚制度や地方行政の整備が急速に進められていた。

新羅も同じころ、日本と異なる文化に立つ強国に成長しつつあった。騎馬民族の流れを受けた政権（国）の勢力拡大によって、新羅統一がもたらされたといえる。

これに対して日本列島の縄文人や、韓人、濊人は、もともと人口が少なかった。農耕が始まったのちにも、かれらの人口はそれほど拡大しなかった。

弥生時代の日本の人口は、縄文時代（約二〇万人）の三倍の、約六〇万人程度だと考えられるが、同じ時期に中国人（漢民族）の人口は数十倍程度に増加したと推定されている。

中国の文献は、紀元前七世紀から紀元前六世紀ごろ（春秋時代）の朝鮮半島北部を「朝鮮」と呼んでいた。そこはすでに、韓人の住む韓とは異なる騎馬民族系の人びとの居住地になっていたと考えてよい。

紀元前一〇八年に朝鮮の地は中国の植民地になったが、そこには騎馬民族系の人びとが

紀元前7世紀～紀元前6世紀の東夷

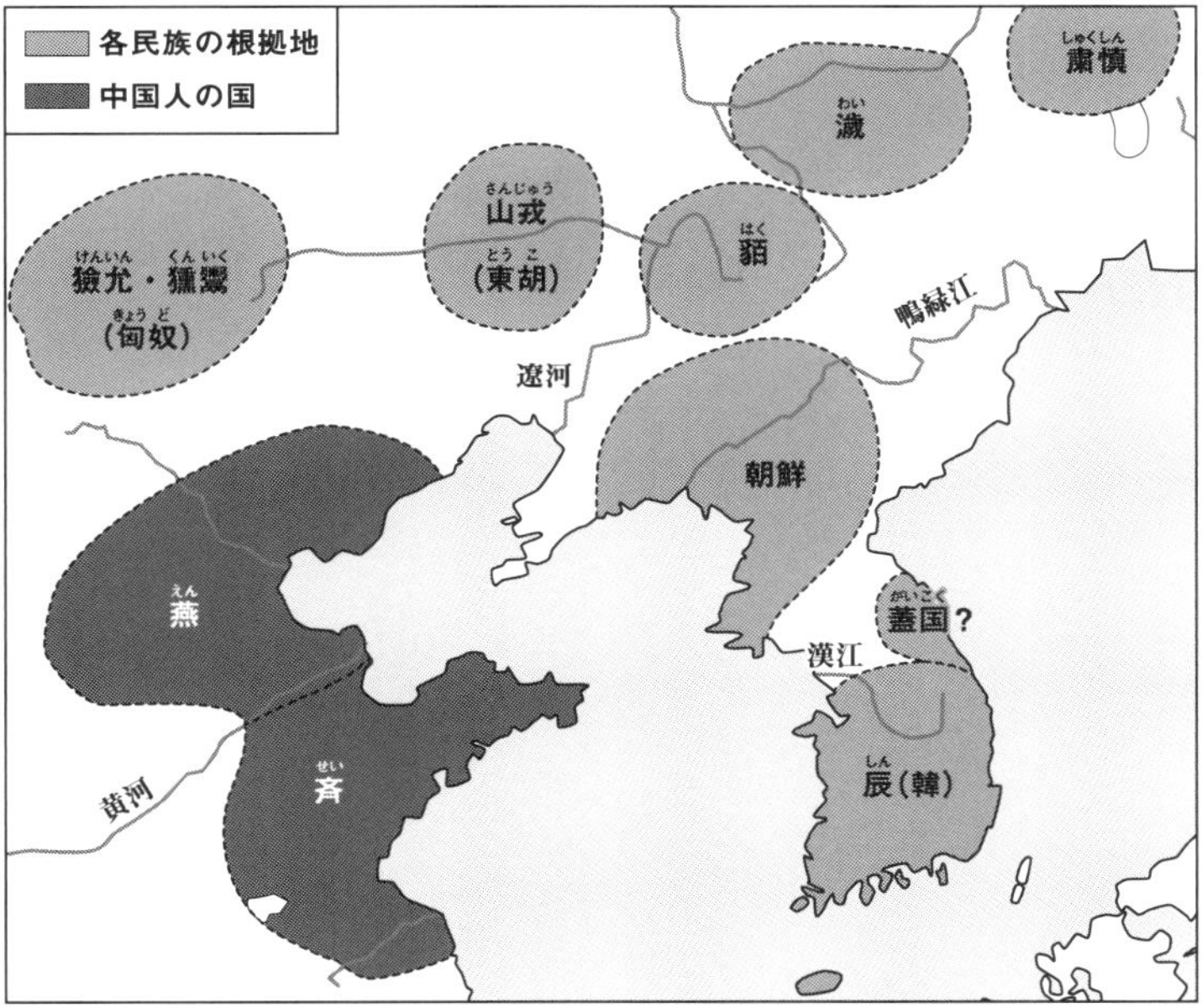

『韓国歴史地図』(平凡社)を参考に作成

多く住んでいた。さらに『三国志』東夷伝《とういでん》などによって、二世紀末から三世紀初めの時点で、騎馬民族が三韓（馬韓《ばかん》、辰韓《しんかん》、弁辰《べんしん》）の地まで南下していたありさまがわかる（40ページの図）。

三一三年ごろには中国東北地方（満州）に本拠をおく騎馬民族の高句麗《こうくり》王朝が、中国の植民地であった楽浪郡《らくろうぐん》と帯《たい》方郡《ほうぐん》を滅ぼして、朝鮮半島北部をその領地に組み入れた。

それからまもなく、騎馬民族系の百済《くだら》が馬韓の地を統一

古代の中国、朝鮮、日本の時代区分

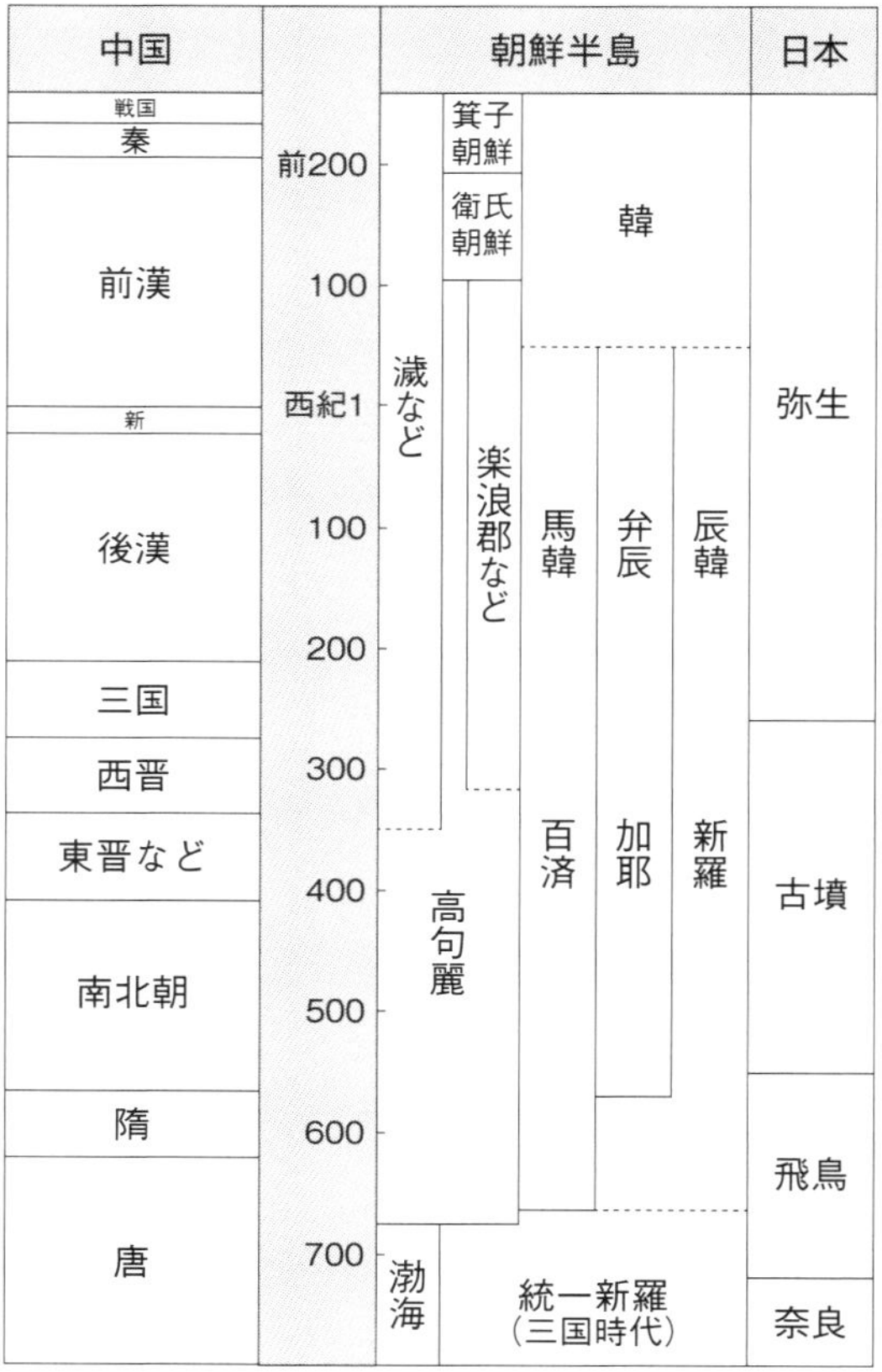

し、辰韓には高句麗の影響を強く受けた新羅が立った。濊《わい》（40ページの図）は、高句麗に併合された。

そのあとのことは改めて詳しく説明するが、最終的には騎馬民族系の王朝と見られる新羅が朝鮮半島を統一したのである。

まず、このような騎馬民族系の勢力に追われた朝鮮半島南端の韓族が、日本に移住して東漢《やまとのあや》氏、秦《はた》氏などの渡来系豪族になった。ついで、約二〇〇年後に百済と高句麗が滅亡したときに、百済王《くだらおう》氏や高麗《こま》氏など朝鮮半島にいた騎馬民族系の渡来人が渡って来たのである。

次項では、古代日本と深い関係をもつ韓族の歴史について説明しよう。

「渡来人」は異民族でなく、日本人に近い人びとだったか

◉渡来人は、今の韓国人、朝鮮人とイコールではない

まず、「古代の朝鮮族と満州族は同系統の民族であった」という点をおさえておこう。

つまり、現在の韓国人、朝鮮人（朝鮮民主主義人民共和国の国民）と称する人びとは、もとは「女真族《じょしんぞく》」や「満州族《まんしゅうぞく》」と呼ばれた、中国東北地方（満州）を本拠とした集団と同じ起源をもつ民族であったらしい。

かれらは中国東北地方から、ロシアの沿海州にかけての広大な森林地帯を本拠とする、モンゴル人とは別系統の中国人系（新モンゴロイド）の騎馬民族であった。この集団が紀元

前六、七世紀以前に朝鮮半島北部に勢力を広げ、「朝鮮族」と呼ばれたのである。

つまり二世紀末ごろの夫余《ふよ》、高句麗《こうくり》、北沃沮《きたよくそ》、東沃沮《ひがしよくそ》、馬韓《ばかん》、辰韓《しんかん》はすべて同じ系統の民族の国ということになる（この範囲は40ページの図を参照）。

近年、古代新羅語の研究が進んできた。それによって新羅語は、高句麗語と同じ言語で、両者の違いは方言の差にすぎないことが明らかにされた（梶村秀樹『朝鮮史』講談社刊）。

古い時代に韓族が居住していた韓の土地につくられた新羅が、四世紀の時点ですでに朝鮮族の国になっていたのである。そこで用いられてきた新羅語が、現在の韓国語、朝鮮語の祖先になる。

◉日本に来た「韓族」とは、どういう人たちか

古代に韓族と呼ばれた人びとは、どうなったのであろうか。かれらは中国人、モンゴル人などの新モンゴロイド（中国人系民族）が、原アジア人（古モンゴロイド）から進化する前に朝鮮半島に南下していた人びとである。

この韓族は、縄文時代の日本人と同じ原アジア人で、朝鮮族とは異なる文化をもつ人びとであった。だから紀元前八〇〇年あたりまでの朝鮮半島南端の文化は、縄文時代の日本

の文化にきわめて近かったのである。

そして紀元前八〇〇年ごろになって、水田を用いる稲作（水稲耕作《すいとうこうさく》）の技術が江南《こうなん》（中国の長江下流域）から九州北部と朝鮮半島南端に、ほぼ同時期に伝わった。これによって日本人や韓族の居住地に、江南風の稲作文化が急速に広まった。この変化をもって、日本では弥生《やよい》時代の開始とする。

ちなみに、中国の植民地であった朝鮮半島北部には、麦の畑作（麦作《ばくさく》）が広まっていた。

二、三世紀の韓の地は、馬韓、辰韓、弁辰《べんしん》（弁韓《べんかん》）の三つの地域に分かれていた。この三つの地域はいずれも、多くの小国が分立する情勢にあった。日本では、二世紀末に邪馬台国が九州北部をまとめ、三世紀後半からはヤマト政権がじわじわとその勢力圏を拡大していた。

四世紀なかばに、韓の地で、騎馬民族系の百済が馬韓の、新羅が辰韓の小国をまとめて、小さいながらも独立した国をつくり上げた。同じころ、ヤマト政権は北九州までを支配下において、意欲的に朝鮮半島南端の小国との交易を始めた。

弁辰の流れを引く加耶《かや》と呼ばれる朝鮮半島南端は、小国が分立する形のままであった。こういった状況のなかで、日本（倭国）と加耶との間の人の往来がさかんになる。

現在の日本文化は、縄文文化のうえにつくられた

◉独特の個性をもつ縄文文化

倭人と韓人の交流がなされる以前の日本列島には、縄文文化が広まっていた。この縄文文化は、世界的に見て、きわめて珍しい形をとる文化である。なぜなら、縄文文化は「高度な精神性、技術力、芸術性をもちながらも、人間平等の発想が守られた文化」だったからだ。

縄文時代には青銅器や鉄器や水稲耕作は普及していなかったが、かれらは多様な土器、木器、石器、骨角器や皮革製品を使いこなしていた。また、漆《うるし》やアスファルトも用いられた。縄文人は植林によってクリやシイ、トチ、ドングリの林をつくり、雑穀を栽培した。かれらの技術の範囲で、縄文人は最高の生活を築き上げていたのだ。

縄文時代の集落を掘ると、ほぼ同じ大きさの住居が集まっていることがわかる。その集落に一棟だけある大型の建物は、有力者の屋敷ではなく祭祀《さいし》の場であった。縄文時代には階級、身分といった発想はほとんどなかったのだ。

狩猟、漁撈《ぎょろう》（漁業）と果実や山菜の採取で食料を得ていた縄文時代初めに、縄文人は自然の恵みに感謝し、山の神、川の神、鹿の神、魚の神、樹木の神などあらゆる自然物にまつわる神を祀る精霊崇拝《せいれいすうはい》（アニミズム、多神教）に立つ独自の文化をつくりあげた。ヨーロッパ人による植民地支配がなされる以前のアフリカ、オセアニア、南北アメリカ、アジア奥地などにも、縄文時代の日本に似た精霊崇拝に立つ平和な社会が見られる。しかし、精霊崇拝に拠《よ》る社会の人びとは、現状に満足して生活し、新たな文化をつくる意欲が低い。

これに対して、古代のエジプト、メソポタミア、中国などでは、有力な君主が現れて専制的な支配を行ない、君主の主導で文化が急速に発展していった。縄文時代の日本は、精霊崇拝をとりながら独自の文化を発展させた珍しい例となる。

◉縄文人のDNAをめぐる謎

四〇年ほど前までは、次のような説も有力だった。

「弥生時代の開始時に、朝鮮半島から稲作技術をもった移住者が大量に日本に渡って来て、縄文人と混血して弥生時代の日本人となった」

弥生時代初めの移住者を「弥生人」と呼んで、もとからいた「縄文人」と区別する場合もあった。しかし、二〇年ほど前からの科学的調査の進展によって、弥生時代の開始時期が紀元前二〇〇年ごろから、紀元前八〇〇年ごろに改められた。

さらに水稲耕作が、九州北部に一気に広まったのではなく、一〇〇年近くかけてじわじわと九州北部に普及したと考えられるようになった。さらにそれから五〇〇年近くかけて、水稲耕作が西日本に広まっている。

常識的に考えて、紀元前八〇〇年というきわめて古い時代の人が、大量の移住者を乗せる船をもっていたとは考えられない。ゆえに、

「稲作技術をもって日本に移住してきた者が少しはいたであろうが、縄文人がみずから稲作を営んで弥生文化をつくっていった」

と漠然《ばくぜん》と考えられるようになっていた。つまり日本人の大部分は、縄文人の子孫だというのである。

ところが、縄文時代の人骨のDNAの研究から、思いもよらない新説が出てきた。

「縄文人の人骨のDNAは、アジア人のなかできわめて珍しい種類のものである。現代の日本人でそれと同じDNAをもつ者の割合は、全体の二〇パーセントぐらいである」

というのである。単純に考えてしまうと、こうなる。

「現代の日本人の八〇パーセントは、弥生時代以後にアジア各地から来た者である」

平成二九年（二〇一七）に、国立遺伝学研究所による福島県新地町《しんちまち》三貫地《さんがんじ》貝塚の縄文人骨の研究がなされた。そして三貫地縄文人の祖先は、約四万年あたりに東ユーラシア人（アジアの古モンゴロイド）や南米人の祖先から分かれた集団の子孫だという説が出された。

ついで令和元年（二〇一九）に国立遺伝学研究所が、北海道北端の礼文島船泊《れぶんとうふなどまり》出土の縄文人の人骨の遺伝情報が、台湾、フィリピンなどの東アジア沿岸の先住人のものに近いことを明らかにした。

さらに令和二年（二〇二〇）に、金沢大学の覚張隆史《がくはりたかし》助教、東京大学大学院理系学研究科の太田博樹《ひろき》教授らによる共同研究で、愛知県田原《たわら》市の伊川津《いかわづ》貝塚の縄文人骨のDNAの調査がなされた。それによってその人骨が、グレートジャーニーでユーラシア東端に向かった最も古い系統の新人のものとされた。この他にも縄文人骨のDNAを扱った研究は多い。しかし、縄文人骨のDNA調査の例がきわめて少ない段階ではそのような新説は「何とも言い難《がた》い」としか評価されてこなかった。

しかし近年になって序章に記したような縄文人をホアビニアン人の子孫とする説が注目

されるようになってきた。
次項では縄文から弥生への流れに絡めて、日本や朝鮮半島南端の原アジア人が住む地域の農耕を見ていこう。

弥生文化は江南から韓や倭に伝わった

◉原アジア人がつくった照葉樹林文化

かつて、江南などの中国の南部は、原アジア人の居住地であった。そこに変化が起きたのが秦朝《しんちょう》、ついで前漢朝《ぜんかん》が中国を統一した紀元前三世紀末ごろである。中国人が大量に長江《ちょうこう》流域に移住するようになったのだ。

江南の人口は、秦朝統一の前の戦国時代までそれほど多くなかったが、前漢代に安定した政権ができると、中国人移住者の主導でさかんに農地開発が行なわれて、江南の人口が急速に増加したのである。

アジアの、雨が多く（湿潤な）暖かい地域に、照葉樹林帯《しょうようじゅりんたい》と呼ばれるところがある。そこには、カシやタブなどの常緑の照葉樹の豊かな森林が広がっていた。

照葉樹林帯

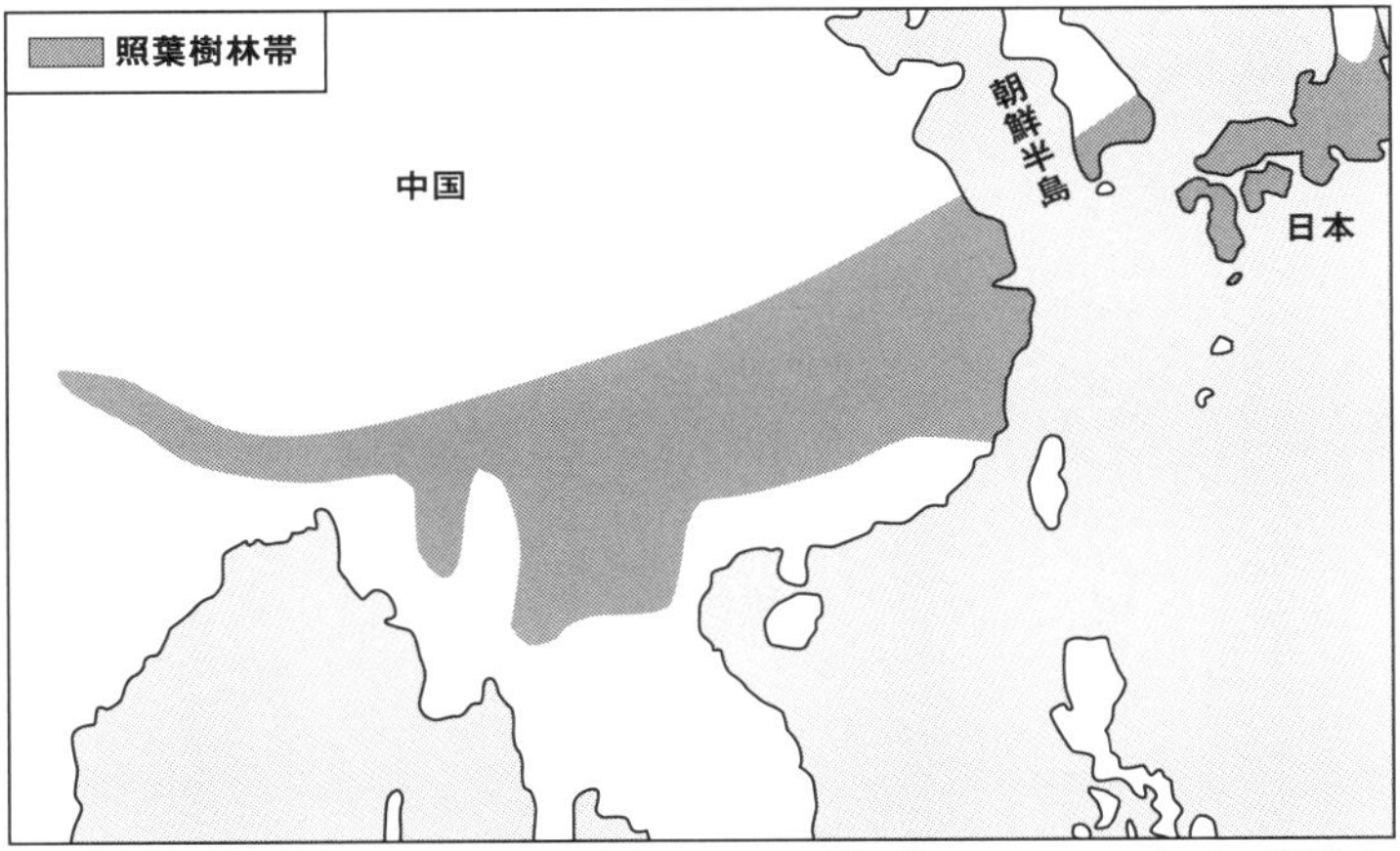

※照葉樹林帯の範囲については、いくつかの説がある。

稲作は、長江下流域の浙江《せっこう》省河姆渡《かぼと》遺跡で始まったと考えられている。稲作はまず照葉樹林帯に広まり、そこに「照葉樹林文化」と呼ばれる共通の文化をつくり出した。

クズやワラビの根を砕いて水にさらしてデンプンを得る技術や、もち米《ごめ》で餅をつくる習俗などは、照葉樹林帯特有のものである。

◉江南、朝鮮半島南部、日本をつなぐ線

考古資料によって、紀元前八〇〇年ごろから水田を用いた稲作が、朝鮮半島南端と日本に広まったことがわかる。江南から船で暖流に乗ると朝鮮半島南端や、九州の北東部の海岸に到達できる。

68ページの海流の図からわかるように、江

潮の流れ

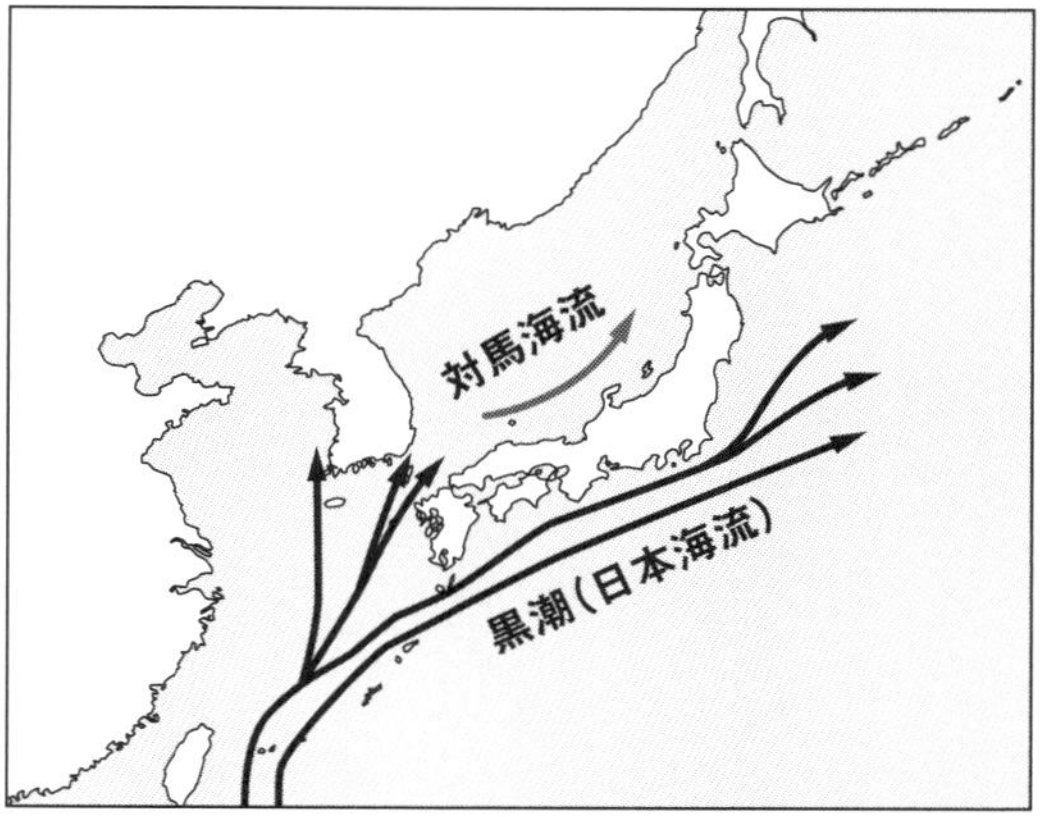

『標準高等地図』（帝国書院）を参考に作成

南から朝鮮半島南端への流れが日本に来る暖流の本流になる。暖流は、そこから日本海に入って対馬《つしま》海流になる。日本の太平洋側を流れる黒《くろ》潮《しお》はその本流の支流で、江南の近くを通らない。

このような海流のあり方からして、稲作は最初に江南から朝鮮半島南端に伝わったと見るのがより妥当であろう。とはいえ、江南から九州北東部に直接、稲をもって来た者も少数ながらいたと推測される。

そして朝鮮半島南端に稲作が広まり出すと、稲作が対馬海峡を越えて九州北部に伝えられた。これをきっかけに、日本や朝鮮半島の照葉樹林帯で水田がつくられるようになる。稲作は、最初は川沿いの低湿地で行なわれたが、まもなく森林を開発して水田がつくられるようになっていった。

日本における照葉樹林帯は広大だが、朝鮮半島では照葉樹林帯は、対馬海峡側のごくわずかな部分にしか見られない（67ページの図）。しかも朝鮮半島の北半分は、温帯でなく冷帯になってしまう。

ソウルもピョンヤンも冷帯である。そのため、寒冷な朝鮮北部には、中国の麦作文化が入っていくことになった。

これによって、次項に記すように、朝鮮半島の麦作地帯が古い時代に、同じ農耕文化をもつ中国の植民地となっていったのである。

四〇〇年も中国の植民地だった朝鮮半島北・中部

◉朝鮮半島北部を征服した前漢の武帝

朝鮮半島の北部および中部は、長期にわたって中国の諸王朝の支配下に置かれていた。中国人による朝鮮半島の統治は、紀元前一〇八年に始まり、三一三年ごろに終わった（58ページの表）。

朝鮮半島で最も文化が進んだ部分が、四〇〇年余りも中国の一部とされてきたのである。この間に、中国北部の中国人が多く朝鮮半島北部に移住してきて、のちの朝鮮半島の住民

中国歴代王朝概略

（韓国人、朝鮮人）の先祖になっていった。

中国東端の遼東《りょうとう》半島と朝鮮半島は、陸続きで近い。そのため「戦国の七雄《しちゆう》」と呼ばれる七つの王朝が並び立つ戦国時代に入ったあたりから（紀元前四〇三年ごろ）、華北の東部（中国東北地方の南方にあたる）にあった燕《えん》の王朝の土地から、朝鮮半島北部に移住してくる中国人が多くなった。

この移住者によって、朝鮮半島北部に中国の進んだ文化が広められることになった。このような朝鮮北部の急速な発展のなかで、紀元前三世紀後半に、中国系の箕子《きし》朝鮮がつくられた。

ついで紀元前一九五年ごろに、衛満《えいまん》という者が箕子朝鮮を倒して衛氏《えいし》朝鮮を立てた。

このあとの中国では、前漢朝が勢力を伸ばしていった。紀元前一四一年に、前漢に武帝《ぶてい》という有力な君主が現れると、武帝は各地の異民族と意欲的に戦って自国の領地を増やしていき、紀元前一〇八年には衛氏朝鮮を討ち倒した。

これによって朝鮮半島は、中国の王朝に支配されることになったのである。

◉中国による支配の中心地・楽浪郡の繁栄と滅亡

前漢の武帝は、楽浪《らくろう》、真番《しんばん》、臨屯《りんとん》、玄菟《げんと》の四つの郡《ぐん》を置いて朝鮮半島を支配した。郡の役所である「郡治《ぐんち》」には、郡から役人が派遣された。

いったん四郡が置かれたが、そのなかの玄菟郡は、紀元前七五年に中国東北地方に移された。ついで紀元前八二年に真番、臨屯の二郡が廃止された。

そのため楽浪郡だけが、長期にわたって朝鮮半島支配の中心地として重んじられることとなる。最盛期の楽浪郡には四〇万人の人口があり、そこには中国の最新の文化が持ち込まれていた。

奈良時代の平城京の人口が一〇万人ほどとされるから、楽浪郡が繁栄したありさまがよくわかるだろう。『漢書《かんじょ》』には紀元前一世紀末に、北九州の小国（倭国《わこく》）の使者が楽浪郡へ貿易に来たことが記されている。日本の使者は、壮大な楽浪郡の町を驚きの目で見たことであろう。

一世紀初めに前漢朝が滅んで新朝《しんちょう》が立ち（紀元八年）、ついで後漢《ごかん》朝が中国を統一した（二五年）。後漢代になっても楽浪郡は、中国と東夷の国々の貿易の中心地として栄えていた。

五七年には博多《はかた》湾沿岸にあった奴国《なこく》の使者が、楽浪郡の役人に連れられて後漢の都の洛《らく》陽《よう》を訪れている。このとき、後漢の初代皇帝である光武《こうぶ》帝は、奴国王に金印《きんいん》を授けた。

後漢末の混乱期に、遼東《りょうとう》半島の遼東郡の軍閥《ぐんばつ》・公孫氏《こうそんし》が楽浪郡も支配下におさめて、中国の後漢朝と三国時代の魏《ぎ》朝から自立した時期があった（二〇四―二三八年）。公孫氏は二〇五年に楽浪郡を南北に分けて、南部に帯方《たいほう》郡を置いた。

公孫氏はのちに、三国時代の魏朝の有力者・司馬懿《しばい》（仲達《ちゅうたつ》）に滅ぼされ、楽浪、帯方の二郡は魏の領地とされた。

その後は、司馬懿の孫の司馬炎《えん》が西晋《せいしん》朝を立てて中国を統一したために、楽浪、帯方両郡は西晋の支配下に組み入れられた。

しかし、西晋は北方や西方の異民族による侵入と、政治の腐敗で急速に衰退した。そのことによって、楽浪郡と帯方郡の役所（郡治）も急速に指導力を低下させたために、高句麗に滅ぼされた（三一三年ごろ）。これによって、中国人による朝鮮半島北部の支配は終わりを告げる。

ここに述べたような興亡は、次項に記すように、日本の古代文化の発展と深く関わるものであった。

中国の植民地・楽浪郡から先進文化を学んだ日本

◉弥生時代前期と中期を分けるもの

前にも述べたように、北九州の小国と楽浪郡との貿易は紀元前一世紀末ごろに始まったと考えられる。前漢朝の歴史を記録した『漢書』は、次のように記している。

「楽浪郡の近くの海のなかに、倭人がいる。かれらは百余りの国に分かれており、しばしば楽浪郡に使者を送ってくる」

ここに「百余り」とあるのは適当な数字を記したものにすぎないと見られるが、対馬《つしま》、壱岐《いき》、玄界灘《げんかいなだ》沿岸などにあった幾つもの小国が、楽浪郡と貿易していたのであろう。

考古学者は出土器を手がかりに、弥生時代を早期、前期、中期、後期に区分しているが、考古学者が須玖《すぐ》Ⅱ期とする、弥生時代中期末にあたる紀元前一世紀末の文化は、それ以前の文化と明らかに違う。紀元前一世紀末ごろに、日本に青銅器と鉄器が出現したのである。

青銅器は急速に国内に広まり、弥生時代後期の一世紀なかばには、三五八本の銅剣が出土した島根県出雲《いずも》市荒神谷《こうじんだに》遺跡のような有力な遺跡が現れた。

私は、紀元前一世紀末ごろに日本に交易に来て住みついた江南の航海民が、日本に航海術を伝えたことをきっかけに、日本に人口数百人から二〇〇〇人程度の小国が広がっていったと考えている。

弥生時代前期の人びとは、人口二〇〇人くらいの村落をつくって農業を営んだ。しかしこのような村落では、貿易船を出すに足る人材は得られない。そのため、航海術の広まりとともに、いくつかの村落が青銅器、鉄器などを得るため、小国をつくって朝鮮半島に船を出したのである。

◉青銅器の広まりとともになされた日本統一

銅鏡《どうきょう》や銅剣《どうけん》、銅矛《どうほこ》といった祭器の出現は、小国の首長の権威を大いに高めるものであったと考えられる。紀元前二〇〇年代の福岡市吉武高木《よしたけたかぎ》遺跡からは、小国の首長を葬った最古の王墓とされる弥生時代の墓が出土している。

その墓は直径約二八メートルの円形の墳丘墓《ふんきゅうぼ》（土を盛って築いた墓）で、そこから銅剣二本、銅矛一本、銅戈《どうか》一本と大量の玉類が出土した。福岡県宗像《むなかた》市の田熊石畑《たぐまいしはた》遺跡の一五本の銅剣を出した王墓は、これより少し古いものかもしれない。

このあと、博多湾沿岸に奴国《なこく》が出現した。後漢《ごかん》の歴史を記した『後漢書』に次の記述がある。

「建武中元《けんむちゅうげん》二年（五七年）に、倭の奴国が朝貢《ちょうこう》（皇帝に使者を送って捧げ物をすること）した。使者は大夫《たいふ》（有力な家来）と自称していた。奴国は倭国の南の果てにある。光武帝《こうぶてい》は、奴国の君主に王が用いる金印とそれに付ける組み紐《ひも》を授けた」

奴国は、人口二〇〇〇人程度の小国であったと考えられる。この奴国の君主が、高句麗や夫余《ふよ》（40ページの図）と対等の王号をもらったのである。東沃沮《ひがしよくそ》や濊《わい》の君主が王の下の下にあたる「侯」に、韓の小国の君主はさらに格下の「邑君《ゆうくん》」として扱われていたことからみて、これは、破格の待遇である。

一世紀に入ると、九州北部の首長が楽浪郡から青銅器を大量に買い付けるようになった。かれらはやがて国内の航路を用いて、それを西日本各地の首長と交易し始めた。この動きのなかで、北九州の小国がしだいに、強国を中心とした連合を組織していった。

一世紀末から三世紀初めあたりの時期に、日本全国に首長が治める小国が広まった。そしてそのような小国で、その住民の祖先神を土地の守り神として祀る首長を指導者とする社会がつくられた。

たてまえのうえでは、小国の住民はすべて、土地の守り神の子孫とされて平等に扱われた。このような各地の豪族（首長）が治める社会は、日本全国で武士が登場する平安時代中期まで存続した。天皇や葛城氏、物部氏といった大豪族も、そのような首長の一人であった。

二世紀初めには、現在の福岡県糸島《いとしま》市に本拠をおく伊都国《いとこく》の首長が玄界灘沿岸と壱岐、対馬の小国連合の指導者になった。伊都国を治めた帥升《すいしょう》は、一〇七年に中国の後漢朝から倭王に任命されている。

また荒神谷遺跡によって、出雲（島根県東部）全体の首長が一世紀なかばに一つにまとまって、荒神谷で祭祀を行なっていたありさまがわかる。

一八〇年代には邪馬台国《やまたいこく》の卑弥呼《ひみこ》が、北九州の三〇の小国をまとめる女王となった。彼女に従った小国は肥前《ひぜん》、筑前《ちくぜん》、筑後《ちくご》の三国の、ほぼ全域に及んでいたと考えられる。

さらに二二〇年ごろには、奈良県桜井《さくらい》市纒向《まきむく》遺跡に本拠をおくヤマト政権が誕生した。二八〇年には、ヤマト政権の王族を葬ったものと推測される天理《てんり》市黒塚《くろづか》古墳が築かれており、そこからは三四面の三角縁神獣鏡《さんかくぶちしんじゅうきょう》が出土した。このヤマト政権が四世紀初めまでに、西日本の主要部の首長をまとめることになる。

ここに記したような日本統一の動きが、祭器としての青銅器を求める動きのなかでなされたことに注目したい。

日本の首長たちは、楽浪郡と帯方郡の滅亡以前に、朝鮮半島の中国の植民地としきりに交易して、そこから多くのものを学んだ。

しかし、中国の勢力が朝鮮半島から後退したあと、日本人は朝鮮諸国経由で、かれらが取り入れた中国文化を得るほかなくなったのである。次項では、楽浪郡、帯方郡滅亡後の朝鮮半島の情勢を見ていこう。

大量の騎馬民族の南下が、百済と新羅の建国をもたらした

◉中国の弱体化で、朝鮮半島の北半分を得た高句麗

中国の諸王朝による支配は、朝鮮半島における騎馬民族の勢力拡大の大きな障害となっていた。騎馬民族系の王朝のなかで最も有力な高句麗は、何度も後漢朝や魏朝と戦っている。しかし、一進一退の攻防が続いただけで、高句麗は楽浪郡・帯方郡の地を得ることはできなかった。

そういったなかで、重要な変化が起きた。魏朝の次の西晋《せいしん》朝が、匈奴《きようど》、鮮卑《せんぴ》、羯《けつ》ら北方の異民族と、羌《きょう》、氐《てい》という西方の異民族の侵入に苦しむようになったのである。

ところが、この国家の危機にあたって、西晋の有力者たちは一つにまとまらず、無意味な政争を繰り返していた。政治は腐敗し、政府の有力者と結びついた富豪が専売の特権を得て、庶民から不当な利益を得ていた。これを好機ととらえた高句麗は、三一三年ごろに、一気に楽浪郡と帯方郡の地を奪った。

西晋朝は、それから三年ほどたった三一六年に、羯《けつ》という北方の民族出身の劉曜《りゆうよう》に滅ぼ

された。その劉曜は皇帝を称して、三〇四年に前趙《ぜんちょう》をひらいたが、中国北部には前趙に対抗する勢力が次々に現れた。

その結果、北方の匈奴、鮮卑、羯と西方の羌、氐という五つの異民族が一六の王朝をつくる「五胡十六国時代《ごこじゅうろっこく》(三〇四—四三九年)」と呼ばれる混乱期に入っていったのである。

江南では三一七年に、晋朝の王族司馬睿《えい》が東晋朝《とうしんちょう》を起こした。これに次ぐ北魏の華北統一(四三九年)から隋《ずい》朝の中国統一(五八九年)までの時代を、華北の北朝と江南の南朝とが並び立っていた「南北朝時代」と呼ぶこともある。

いずれにせよ、華北の諸王朝が抗争を続けたおかげで、高句麗は中国の侵攻を恐れることなく、朝鮮北部を思いのままに支配できるようになったのである。

◉百済、新羅の成立と加耶

高句麗と三韓の国々は位置が隔《へだ》たっていたために、四世紀初めまでは争う必要はなかった。ところが三一三年ごろに、中国に代わって高句麗が馬韓《ばかん》、辰韓《しんかん》と境を接する土地を支配するようになる。

すると高句麗は、暖かい南方の土地を自領に組み入れて、領土を拡大しようとする野心をあらわにし始めた。三韓の個々の小国の力では、強力な軍勢をもつ高句麗に対抗できない。

そのため、馬韓と辰韓で、統一の動きが始まった。まず三四六年に馬韓の伯済国《はくさい》が、馬韓をまとめて百済《くだら》を起こした。次いで三五六年ごろに辰韓の一部が斯盧国《しろこく》によって一つにまとめられた。

このなかの百済は、騎馬民族の辰王《しんおう》を祖先とした騎馬民族系の王朝であった。新羅は、騎馬民族なのか、韓族の国なのかが明らかではない。しかし四、五世紀の時点で、新羅に韓族の南方的な要素はほとんど見られず、騎馬民族的な要素が主流であった。新羅は早い時期に高句麗に従い、その属国となった。

このように百済と新羅の目が北方に向けられていたために、加耶は小国が分立する形の比較的平和な時期を送ることになった。

次章に記すように、この加耶が、七世紀なかば以前の主な渡来人の故郷になるのである。

第三章

四世紀に、ヤマト政権と加耶の交流が始まった

韓の文化を長く受け継いだ加耶の小国群

一九六〇年代前半の歴史地図には、任那の地を実際のもの以上に大きく描いたものも多い。これは、

◉ごく小規模だった加耶の国々

加耶《かや》（伽耶）は、戦前には『日本書紀』などに従って「任那《みまな》」と書かれていた。

「任那は日本の植民地であった」

とする誤解に立ったうえで、日本の領土を実際以上に大きなものにしたい欲望からくるものであった。しかし、加耶の実情が明らかになるにつれて、「加耶」はきわめて狭い範囲をさす語であると、認識されるようになってきた。

加耶は「朝鮮半島南端」と呼ぶべき、現在の慶尚南道《けいしょうなんどう》に慶尚北道《ほくどう》のごく一部を加えた範囲とその周辺にすぎない。

そして、確かな記録で拾えるものだけでも、その狭い地域に四〇～五〇の国があった。加耶の小国の多くは村落二、三個程度で、人口は三〇〇～四〇〇人規模だったのであろう。

加耶の諸国図

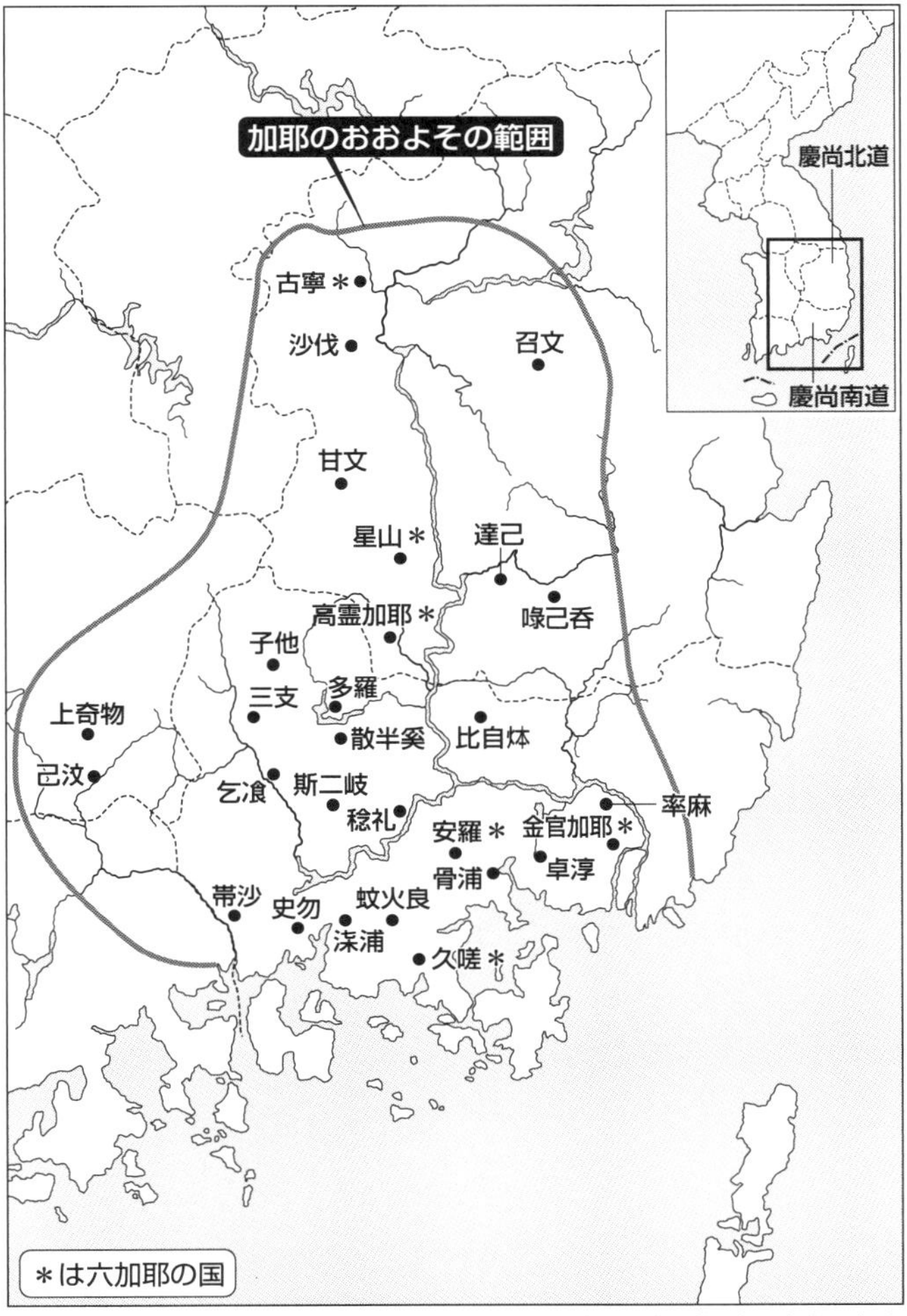

田中俊明『大加耶連盟の興亡と「任那」』(吉川弘文館刊)を参考に作成

そのため加耶全体の人口は、二万人足らずであったと考えられる。

『三国志』東夷伝《とういでん》は、「弁辰《べんしん》（のちの加耶）に一二国があった」と記すが、それは弁辰の主な国だけを挙げたものにすぎない。

◉加耶は「神の国」を表す原アジア人の言葉

「加耶」とは、「神の国」を表す古代朝鮮語である。「韓」というのも、「加耶」と同じ概念からつくられた言葉である。

古代には、神を「かん」といった。そしてそれに「国」を表す「なら」をつけると、「かんなら」になる。この「かんなら」がつまって、「かんら」をへて「かん」や「から」に。さらに「から」と発音しにくいために、「から」が「かや」に変わったのである。

やまと言葉では、神は「かみ」や「かむ」になる。このなかの「かむ」は、「かん」に近い響きの言葉になる。アイヌ語の神は「かむい」である。

こういった単語を並べていくと、はるか昔の原アジア人の言葉が、やまと言葉や韓族の言葉、アイヌ語につらなっていたありさまがわかってくる。

日本では、一世紀なかばにあたる弥生時代後期の時点で、人口二〇〇〇人の小国が出現した。しかし加耶は、加耶の小国群が新羅や百済に併合されるまで、数百人規模の多くの小国が分立した地域であった。加耶の地に拠《よ》った韓族の指導者たちは、統一国家をつくろうとする野心のない、平和を好む人びとであったのだろうか。

次項では、このような加耶とヤマト政権との貿易が始まった経緯を見ていこう。

四世紀にヤマト政権と加耶の貿易が始まる

◉ヤマト政権、邪馬台国系の北九州を配下におさめる

大和では、二二〇年ごろに古墳が出現した。そしてこのあと、ヤマト政権に従った中央や地方の豪族が古墳を築くようになってくる。

ところが、邪馬台国があったと推測される北九州の北東部では、三世紀末まで古墳が見られない。この事実から私は、

「四世紀のごく初めごろまでは、邪馬台国など北九州の小国連合だけが帯方郡《たいほう》との交易を行なっていた」

と考えている。しかしこれは、一つの見通しにすぎない。文字のない時代の考古資料は、

ヤマト政権の勢力圏の広まり

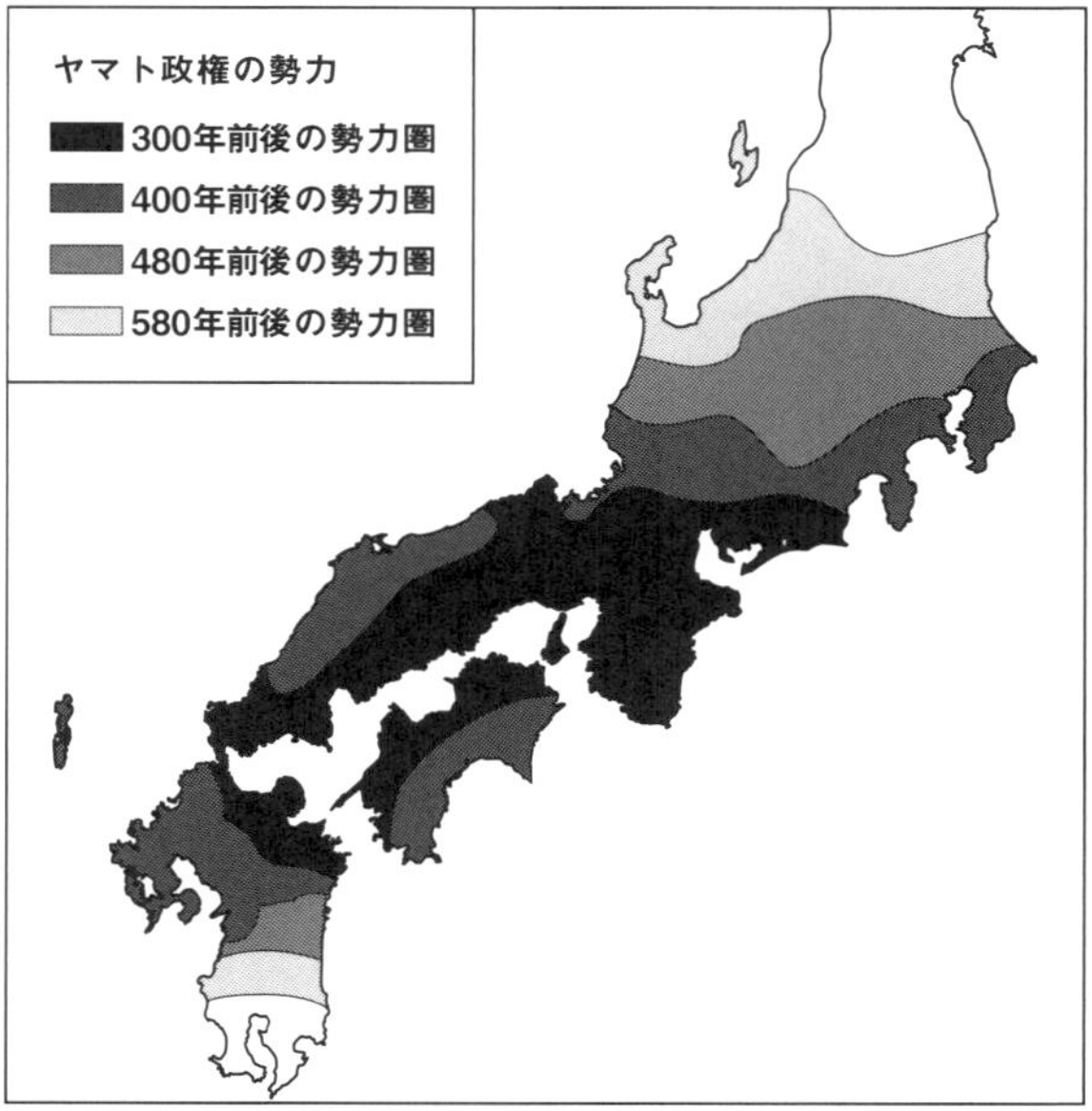

どのようにでも解釈できるからである。

四世紀初めに、ようやく北九州の東部に古墳が広がり始めた。この事実は、邪馬台国の流れをひく九州北東部の豪族が、ヤマト政権に従ったことを示すものと考えられる。

ヤマト政権は四世紀になって初めて、北九州をその勢力圏に組み込んだのである。この少しあとに、出雲《いずも》などの山陰地方もヤマト政権の勢力圏に入った。

邪馬台国が治めていた北九州東部がヤマト政権の支配下に入ったときには、帯方郡はすでに高句麗《こうくり》領になっていたと考えてよい。もしかすると、西晋《せいしん》朝の朝鮮半島からの後退が、邪馬台国の指導力の低下をもたらしたのかもしれない。

北九州を得たあとのヤマト政権は、北九州の小国群が加耶と行なっていたものより大規模な貿易を始めたと推測できる。四世紀の大和の古墳から加耶の鉄が大量に出土する事実は、そのことを示すものである。

少し時代は下るが、奈良市のウワナベ古墳の陪塚《ばいちょう》（有力古墳のそばにつくられた小型の古墳）からは、大小二種類の鉄板（鉄素材）が八七〇枚もまとまって出土して、考古学者を驚かせた。ウワナベ古墳とその陪塚は、四世紀後半のものとされている。

◉帯方郡や加耶との交易に使われた船の規模は？

邪馬台国の使者を帯方郡に運んだ船や、ヤマト政権が加耶との貿易に用いた船は、どのようなものであったのだろうか。

少しあとのものであるが、古墳時代中期にあたる五世紀ごろの遺跡から、大型の丸木船が何例か出土している。古墳時代の豪族は、山のなかで巨大なクスノキなどを見つけて、それを海岸に運んで刳《く》り船をつくったのだ。

このようにしてできた船だと最大のものでも、三〇人ぐらいの人間を乗せてどうにか浮かぶことができる程度のものであった。

しかも遠距離の航海には、大量の水と食料が必要である。商品も積まねばならない。したがって、朝鮮半島と往来する船に乗れたのは、一〇人ぐらいではなかったろうか。

大型の船の船材となる巨木がめったに得られない点も、考慮せねばならない。そこから私は、

「邪馬台国の使者は、船二、三隻の二〇〜三〇人ぐらいで、ヤマト政権の使者でも船五隻で五〇人程度であった」

と想定している。しかしこれは、一つの考え方を示したものにすぎない。

玄界灘《げんかいなだ》沿岸から朝鮮半島に行くには、壱岐《いき》と対馬《つしま》に寄港して一泊ずつするのがよい。この二泊三日の航路で、最も長い対馬と朝鮮半島南端の間の距離は、六〇キロメートルぐらいである。簡単な丸木船に乗って手漕ぎで航海するときは、一時間に三、四キロメートルほどしか進めなかったろう。

そうすると対馬から朝鮮半島に渡るのに、一五時間から二〇時間かかる。日の長い時期の天気の良いときでも、暗いうちに出帆して、ようやく日没後に到着することになったことだろう。このような条件を考えると、ヤマト政権の時代になっても、日本と加耶との貿

易は困難なものであったということになる。

　次項では、四世紀の日本と加耶の小国の外交関係をていねいに見ていこう。

加耶を勢力圏にしたヤマト政権

◉鉄を産出した加耶の一国・狗邪韓国

「魏志倭人伝《ぎしわじんでん》」（『三国志』の一つ『魏志』の「東夷伝倭（人）の条」）によって、邪馬台国の時代の日本の使者が、玄界灘沿岸から壱岐と対馬を経由して、朝鮮半島南端の狗邪韓国《くやかんこく》を目指したことがわかる。この狗邪韓国は、現在の韓国の金海《キメ》市にある金海遺跡あたりに存在したと考えてよい。

　金海遺跡は小国の跡と見られる有力な遺跡で、その周囲からは、加耶が自立していた四、五世紀の環濠《かんごう》（都市や集落を守る堀）が出土している。

　狗邪韓国は朝鮮古代の文献には、金官加耶《きんかんかや》（金官加羅《きんかんから》）や任那加耶《みまなかや》（任那加羅《みまなから》）、任那などと書かれている。この金官加耶国（83ページの図）は『三国志』東夷伝には、弁辰の一二国のなかの一つである狗邪韓国として出てくる。

「韓」と「加耶」は同じ意味の言葉であるから、狗邪韓国の名称が四世紀に金官加耶と変わったのではなく、中国の使者が「金官加耶」に近い発音の言葉を「狗邪韓」と聞き間違えたのであろう。

金官加耶国は鉄の交易によって成長した国で、『三国志』東夷伝が引用する『魏略《ぎりやく》』という歴史書に、次のように記されている。

「弁辰の国々で鉄がつくられるので、韓（馬韓、辰韓）、濊《わい》（40ページの図）、倭の人びとが競って弁辰の鉄を求めている。弁辰は楽浪《らくろう》郡や帯方郡にも鉄を供給している」

しかし、人口数百人程度の金官加耶国に、加耶の国々を支配するほどの力はなかった。そのため、金官加耶国の指導者は、倭国と鉄を貿易して出た利益だけで満足していたと思われる。

◉狗邪韓国は倭人の国だったか

加耶およびその周辺から、韓国の考古学者が「倭系遺物」と名付けた考古資料がいくつも出土した。これは明らかに、日本から輸入されたもの、もしくは日本の職人が朝鮮半島南端で製造した祭器である。

朝鮮半島南部の倭系遺物分布図

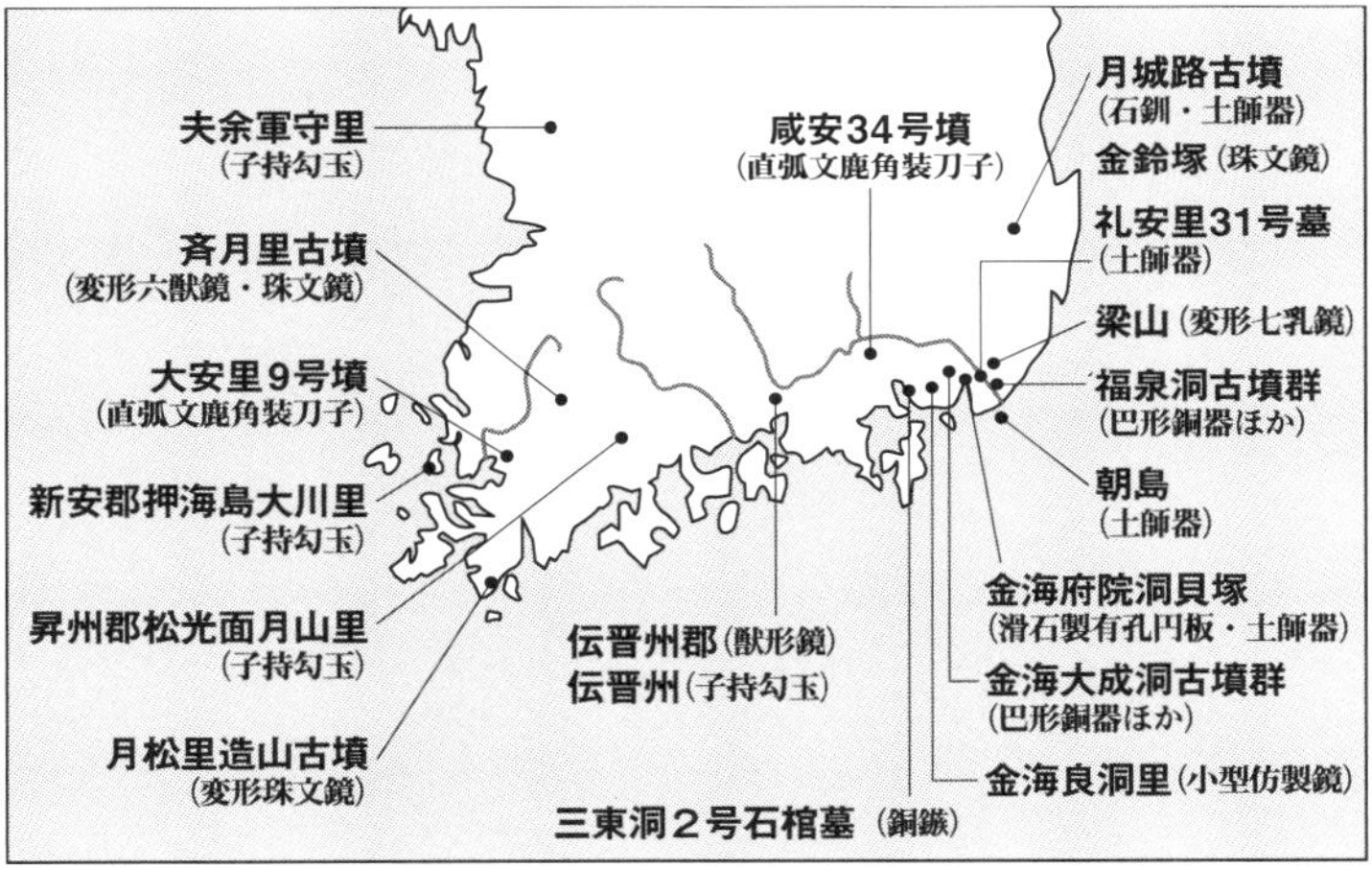

出典：熊谷公男『大王から天皇へ』（講談社）

金海市の良洞里《ヤンドンニ》の二、三世紀ごろとされる墳墓からは、北九州のものと同じ形式の小形の仿製鏡《ぼうせいきょう》（中国のものを真似て日本でつくった銅鏡）が出土した。このように、韓国では邪馬台国の時代にあたる三世紀まで、北九州のものに似た考古資料ばかりが出てくるのだ。

ところが、四世紀初めから大和産の「倭系遺物」が多くなる。金海市の大成洞《テソンドン》遺跡の四世紀の墳墓からは、大和で多く見られる巴形《ともえがた》銅器が見つかった。

このような祭器は、貿易のために加耶に移住した有力者か、ヤマト政権に従った加耶の豪族が用いたものである可能性が高い。韓族が古くから行なってきた祭祀《さいし》には、加耶の伝統的な祭器が使われたと考えられるからである。日本特有の祭祀を行なう集団以外の者が、日本の祭器を使うことはない。

この事実に関連するものとして、朝鮮半島南端に、多くの倭人が住んでいたとする朝鮮史研究者の井上秀雄氏の説を紹介しておこう。

井上氏は紀元前数百年あたりのきわめて古い時代に、倭人の居住地が北九州から朝鮮半島南端に広がっていたと想定する。

井上秀雄説による倭の範囲

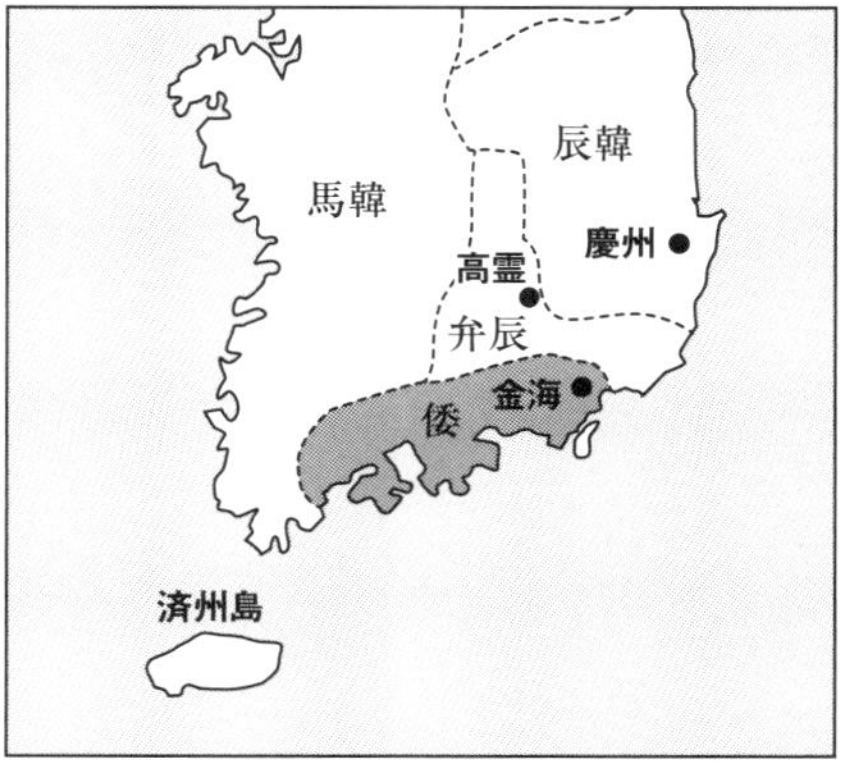

井上秀雄他訳注『東アジア民族史 1』(平凡社)を参考に作成

ゆえに、井上氏は「魏志倭人伝」の時代の朝鮮半島南端の海岸部を倭人の居住地、つまり「魏志倭人伝」が記す倭国の一部とした。この考えに立てば、狗邪《くや》韓国は倭人の国であったことになる。

このように考えたうえで、井上氏は、倭の領域以外の弁辰を倭人の居住地の北方に置いている。

これは一つの可能性を示すものにすぎないが、騎馬民族系の人びとが南下してくる以前の三世紀ごろの弁辰の住民のなかに、かなりの数の倭人が混在していた可能性は高い。

かつて朝鮮半島南端の照葉樹林帯に、日本の弥生時代に似た文化が広がっていた。（66～67ページ）。そして、古墳時代前期にあたる四世紀の日本の文化の大枠は、弥生時代とそう変わらなかった。それゆえ、四世紀の加耶の文化は、日本とそれほど違っていなかったと考えてよい。

しかし、次項に記すような騎馬民族系の百済との交流の開始をきっかけに、日本の文化はじわじわと大陸風のものに変わっていった。

四世紀末に日本と百済の交流が始まった

◉南朝に朝貢し、先進文化を取り入れた百済

考古資料から見て、百済から得た中国の南朝系の文化がヤマト政権の有力者の間に広まりだしたのは、五世紀初めごろだと考えられる。これに続いて、百済から取り入れた文化が本格的に普及するようになるのは、五世紀末あたりになるのではあるまいか。

もっとも、考古資料はきわめて不確かなものであるため、これは一つの解釈にすぎない。

このような流れから見て、百済から優れた工芸品の輸入が始まったのちに、日本の豪族たちが百済の文化を学びだしたと見られる。このことは次項で、ていねいに説明しよう。楽浪郡と帯方郡が滅んだあと、加耶諸国と百済とは敵対関係になった。そのため、百済を通らねば中国に行けない加耶諸国と中国との貿易は途絶えたと考えられる。

これに対して、百済の王家は、西晋《せいしん》朝が滅んだあと六〇年ほどたって、南朝の東晋《とうしん》朝の臣下になって朝貢《ちょうこう》を始めた。三七二年に、百済の使者が初めて東晋を訪れたという記録がある。

当時の南朝の文化は、北朝の文化よりかなり高度なものだった。そのため百済の使者が、黄海を渡って南朝と貿易し、中国の先進文化を取り入れることになった。

高句麗は、国境を接する北朝の諸王朝と何度かの紛争や交流を行なったが、三八四年に鮮卑《せんぴ》が起こした北朝の後燕《ごえん》朝に従う。その結果、高句麗は、遼東、帯方二国の王とされた。

さらに高句麗は三八六年に、南朝の東晋に朝貢した。つまり高句麗は、中国の北朝とも南朝とも良好な関係を築いていたのである。

そのため、中国南朝や北朝の先進文化が高句麗に入り、さらにそこから高句麗の属国であった新羅に伝えられた。

朝鮮半島のなかの加耶だけが文化的に倭国と同じ遅れた状態にあったため、百済との国交を始めることになったのである。

◉百済の使者からもたらされた石上神宮の七支刀

まず、日本と百済の国交開始に関する記録を紹介しよう。加耶諸国の歴史書は残っていないが、百済では四世紀後半、もしくは五世紀から、さまざまな記録がつくられていたらしい。

『日本書紀』のあちこちに、百済の歴史書をもとに書かれた記事がある。そういったものには、百済の人名や、百済人が漢字で表記した日本人の人名がそのまま残っている。

まず、日本と百済の最初の国交に関する記事を紹介しておこう。これらは百済の歴史書に拠《よ》って記されたものと考えられる。

「神功《じんぐう》四六年（神功皇后が摂政《せっしょう》を始めて四六年目。紀元三六六年か）七月、（皇后は）斯麻宿禰《しまのすくね》を卓淳《とくじゅん》国《こく》に送った。すると、卓淳王がこう言った。『甲子年《かっしのとし》（三六四年か）の七月に、百済から久氐《くてい》ら三人がやって来て日本への道をたずねたが、私の国はまだ日本との交渉をひらいていなかったので知らないと答えた。すると、もし日本の使者が来たら告げてほしいと言って帰国した』。これを聞いて、斯麻宿禰は従者の爾波移《にはや》と卓淳《とくじゅん》の人過古《わこ》を百済に送った。百済の近肖古王《きんしょうこおう》はかれらを歓迎した。爾波移は卓淳国にもどり、斯麻宿禰に従って帰国した」

「神功四七年（三六七年か）四月、百済王が久氐《くてい》ら三人を派遣して朝廷に朝貢した」

「神功五二年（三七二年か）九月、久氐が千熊長彦《ちくまながひこ》（職麻那那加比跪）に従って日本にやってきて七枝刀《ななつさやのたち》・七子鏡《ななつこのかがみ》および重宝を献じた」

これによって、三六七年ごろに百済が加耶の卓淳国を介して、日本との国交を始めたことがわかる。当時の百済は、北方の高句麗の軍勢の侵入に苦しんでいた。そのため百済王は、倭国に援軍を求めて高句麗と戦おうと考えた。百済の近肖古王《きんしょうこおう》は、大王の求めを受けて、阿直岐《あちき》という学者を倭国に送ったと伝えられる。

さらに阿直岐が王仁《わに》という優れた学者を推薦したために、応神天皇は使者を百済に送って王仁を迎えたという。『日本書紀』は阿直岐と王仁が応神天皇の王子の菟道稚郎子《うじのわきいらつこ》に学問を教えたと記すが、このあたりの伝承は後世に創作されたものかもしれない。

しかし五世紀の倭国に漢字が普及していくことから見て、四世紀末に百済から来てヤマト政権の人びとに漢字を教えた阿直岐や王仁のような人物が何人かいたことは認めてよい。

4世紀なかばの日本と百済の外交

年代	出来事
364年ごろ	百済《くだら》の近肖古王《きんしょうこおう》が日本との国交を開くため、加耶《かや》の卓淳《とくじゅん》に使者を送る
366	日本の使者、爾波移《にはや》が卓淳を経て百済にいく
367	百済の近肖古王が日本に久氐《くてい》を派遣して国交を開く
372	近肖古王は久氐に職麻那那加比跪《しくまななかひこ》を日本に送らせ、日本に七枝刀《ななつさやのたち》と七子鏡《ななつこのかがみ》を贈った

私は、

「百済の学者は一定の期間、日本で大王に仕えたのちに帰国した」

と考えている。ヤマト政権の書記を務めた阿知岐史《あちきのふひと》は阿知岐の子孫と称した。また西文首《かわちのふみのおびと》という中流豪族とその同族は王仁の子孫だといわれる。しかし、これは百済の学者に学んだ日本の中流豪族が、架空の人物をつくり、祖先としたものらしい。


三六九年に百済でつくられ、三七二年に久氐が日本にもたらしたとされる七支刀が、奈良県天理《てんり》市の石上《いそのかみ》神宮の神域から出土している。そこには、

「三六九年に百済王と百済の太子が、倭王旨《わおうし》のためにこの刀をつくった」

という意味の言葉が記されている。倭王旨とは「イササワケ」と「ホムタワケ」の実名をもつ応神《おうじん》天皇で

あると考えられている。「イササワケ」の「ササ」を、「旨」と表記したのである。

応神天皇は四世紀後半に実在した有力な大王だったため、ヤマト政権の人びとの間に、かれの時代に百済との外交が始まったとする記憶が長く受け継がれたのであろう。そのことの意味は、第四章から六章までの個々の渡来氏族を取り上げる部分で考えていこう。

次項では、百済との国交の開始をきっかけにした、日本での渡来文化の広まりについて簡単にふれたい。

五世紀の日本の渡来系技術

◉九州や大和で見つかった韓式土器は、誰がつくったか

前にも述べたように、古墳時代の土器は、土師器《はじき》から韓式《かんしき》土器を経て、須恵器《すえき》へと発展している。土師器は、弥生式土器と同じように手でこねて形づくられ、低い温度で焼かれた素朴な土器であった。

これに対して韓式土器は、ロクロの技術を用いて成形したうえで、現在でも使われる登り窯に近い窖窯《あながま》で高温で焼き上げた陶質《とうしつ》の土器である。

先進地ではこの韓式土器が二〇～三〇年ほど使われたのちに、現在の陶器に近い硬さをもつ須恵器が現れた。

韓式土器の技術は加耶から伝わったものだと考えられるが、現在のところ、福岡県朝倉《あさくら》市の池《いけ》の上墳墓群《うえふんぼぐん》から出土したものが最古の韓式土器だといわれる。

池の上墳墓群は四世紀末に出現し、何世代にもわたって築かれた、三八基の円墳、方墳などからなるものである。朝倉市北東部の池の上古墳は、筑紫平野の奥まったあたりの、古代の北九州の先進地に位置している。

この池の上5号墳から出土したジョッキ型土器は、韓国の昌寧《しょうねい》・桂城《けいじょう》B地区古墳群から出土した「新羅系陶質土器《しらぎけいとうしつどき》」といわれる韓式土器にきわめて似ている。しかし、加耶の土器が大量に輸入されたとは考えにくい。

貿易で日本に来た商人のなかで土器づくりの技術に通じた者が、日本を気に入って、池の上の豪族のもとに住みついたといったことがあったのではあるまいか。

土器を焼く技術は、教われば身に付くものである。だから池の上の地に来た移住者が、まわりの人に技術を教えて土器づくりを広めていったと考えても、誤りではあるまい。

近畿地方中央部（畿内）では、池の上墳墓群の時代の少しあとにあたる四世紀のごく末

大阪府の韓式土器分布図

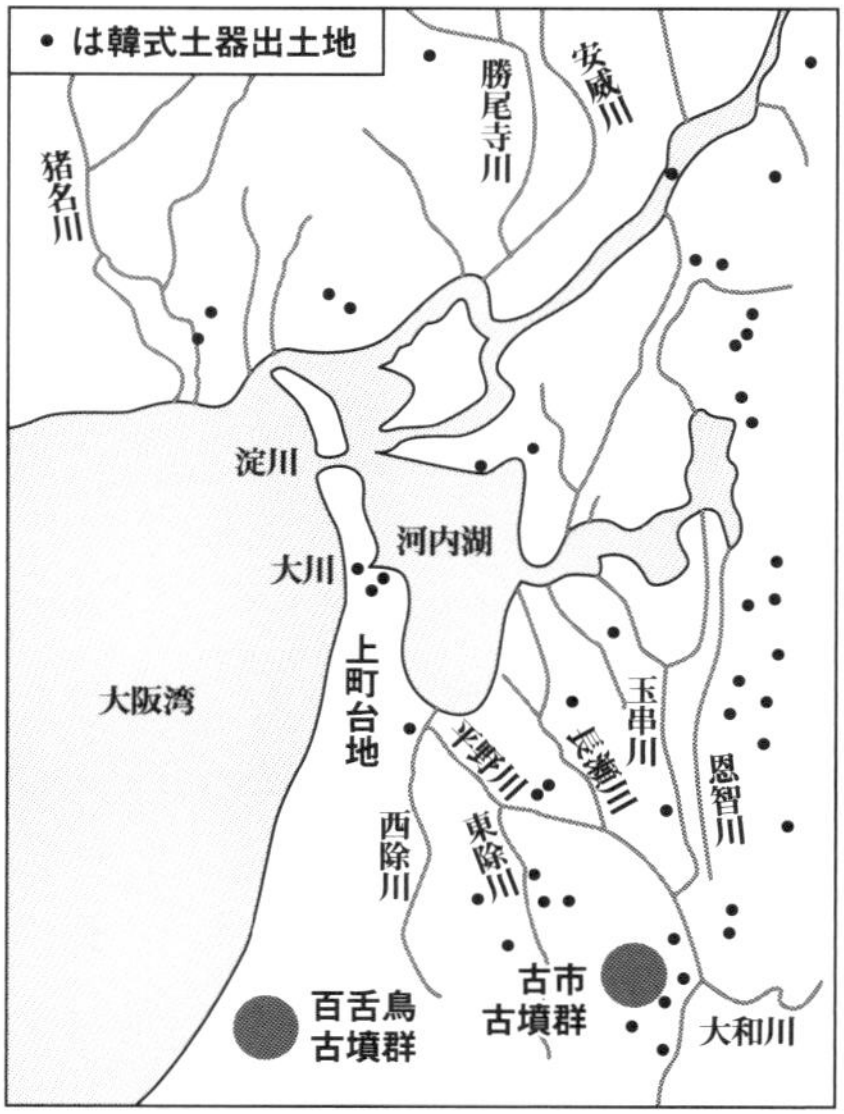

出典：熊谷公男『大王から天皇へ』(講談社)

あたりから、韓式土器が広まった（上の図）。五世紀に入ると、ヤマト政権の本拠地であった河内《かわち》（今の摂津、和泉も含む）から韓式土器が集中して出土している。

このことから、大王《おおきみ》が韓式土器の職人の集団をおいて、土師器に代わる新たな土器の量産を始めたのではないかと推測される。しかし、航海技術の未発達なこの時代に、朝鮮半島の土器職人が大挙して日本に来たとは思えない。

職人たちは、百済か加耶の技術を新たに学んだ、もとから河内などに居住していた人びとであったとするのが、より妥当だと考えられる。

百済の使節の従者か、加耶から来た使者が、韓式土器の製法を伝えたのであろう。

◉中央豪族がもつ渡来系の技術

五世紀初めに、須恵器の製法が伝わった時に、韓式土器の製造に従事していた人びとが新たな技術を用いた倭式須恵器をあみ出したのだ。このあと大阪府堺《さかい》市陶邑《すえむら》古窯跡《こようせき》の須恵器の窯が次々につくられて、ヤマト政権による須恵器の量産が始まった。

ヤマト政権の須恵器づくりの職人や、かれらの生活を支える農民は、五世紀末ごろに大王から陶部《すえべ》の姓《せい》を授けられた。

須恵器の製作に従事した陶部《すえべ》や陶作部《すえつくりべ》と呼ばれた人びとの実態を伝える確かな文献はない。そして日本古代史の研究者で、漠然とした形で「陶部は渡来人だ」と考えている者も多い。

そのような見方に対して私は、すぐ前に述べた韓式土器のあり方から見て、「陶部は渡来人ではなく、縄文系、弥生系の旧来の小豪族であった」と考える。朝鮮半島にない独自の形式をとる倭式須恵器の存在は、そのことを物語っている。

五世紀末の須恵器の窯跡は、日本各地で多く発見されている。ヤマト政権が五世紀なかばもしくは末から、地方豪族にひろく須恵器の製法を伝えたために、地方豪族が独自に職人の集団を設けるようになったのである。

縄文人は手工業に長じていて、土偶、漆器《しっき》、貝輪などの多様な文化を生み出した。この縄文人の流れを引く古墳時代の倭国の首長（豪族）の配下の職人も優秀であった。

かれらは大陸の新たな技術を知ると、すばやくそれを身に付けたうえで、独自の新たな技術を生み出した。奈良市の富雄丸山古墳《とみおまるやま》から出土した巨大な蛇行剣《だこうけん》は、その一例である。刀剣の製法は中国から朝鮮半島経由で伝わったものだが、曲線の刀をつくる技術はヤマト政権の職人が工夫したものだ。王家の職人の他に、中央豪族や地方豪族のもとで働いた職人もみられた。

奈良県中部の御所《ごせ》市にある南郷《なんごう》遺跡群は、中央の有力豪族の一つである葛城《かつらぎ》氏に仕えた職人の集団が残したものとされる。その遺跡は、葛城氏の本拠地のそばにある。

南郷遺跡群は五世紀前半につくられ、そこでは鍛冶《かじ》やガラスづくりが日常的に行なわれていた。

物部《もののべ》氏の本拠にある天理《てんり》市布留《ふる》遺跡でも、武具や鉄製の器具を生産する工房が集まった集落が見つかった。物部氏もさまざまな職人の集団を支配していたのであろう。

中央豪族の配下の職人も、のちには鍛冶部《かじべ》などの職業を表す姓を名乗ったと考えられる。しかし、鍛冶部などの渡来系の姓を名乗る者のなかに、加耶などからの移住者はほとんどいなかったと推測される。

次項では、百済と日本が国交を開始したときの、百済側の国情について考えていこう。

高句麗と百済の対立に、日本はどう関わったか

◉高句麗に反撃した百済の近肖古王

前にも述べたように、高句麗は騎馬民族系の王朝である。騎馬民族には、馬を巧みに乗りこなす優れた戦士が多かった。

楽浪郡と帯方郡が高句麗領になった三一三年ごろから、馬韓の諸国は高句麗の侵攻に脅《おびや》かされ続けていた。これに対抗するために、馬韓の伯済《はくさい》国に近肖古王《きんしょうこおう》という有力な指導者が現れた。

かれは馬韓を統一して百済を建国したあと、強力な軍隊を組織して高句麗に対する反撃を開始した。近肖古王は何度も北方に出兵して、高句麗の勢力圏である帯方郡をじわじわと自領に取り込んでいった。

しかし当時の百済は、朝鮮半島のなかで孤立していた。新羅は、はやばやと高句麗に従

っていたし、中国の南朝は、より有力な高句麗の王に、百済王より高い位を授けていたからだ。

そのために、南方に倭（ヤマト政権）という強国があると聞いた近肖古王は、加耶との友好関係を築いたうえで、日本との軍事同盟を求めて使者を送ってきた。

『三国史記』という高麗時代の朝鮮半島で書かれた歴史書（一一四五年完成）に、倭や倭兵が、しばしば金官加耶《きんかんかや》国の北方の新羅領に侵入して新羅軍と戦い、新羅を大いに苦しめていたとある。

日本古代史の研究者の多くは、これはヤマト政権と新羅との戦争ではなく、北九州の個々の豪族が行なった海賊行為であると考えている。それでも、新羅との戦いによって「倭軍は勇敢だ」という噂が広まっていたのだろう。

◉高句麗の広開土王と戦い、存在感を示したヤマト政権

百済の近肖古王は、三六七年に日本と国交を開始し、その四年後に平壌城《へいじょうじょう》の戦いで、高句麗の故国原王《ここくげんおう》を戦死させる大勝利を得た。このあと、高句麗に小獣林王《しょうじゅうりんおう》と故国壌王《ここくじょうおう》が立ったが、かれらは百済領となった帯方郡を取り返せなかった。

そして三九一年に、高句麗に広開土王《こうかいどおう》という有力な国王が立った。かれの事績を称える広開土王碑《こうかいどおうひ》（好太王碑《こうたいおうひ》）が、中国東北地方（満州）の集安《しゅうあん》の町の近くに残されている。この碑文には、高句麗と倭との戦いが行なわれたことが書かれている。

広開土王が立ったときには、百済領が高句麗の要地である平壌《へいじょう》のすぐ近くにまで迫っていた。広開土王碑は、広開土王が王位を継承した年の出来事として、次の事件を記している。これは、日本古代史の研究者や愛好家によく知られた文である。

「百済と新羅はもとこれ属民《ぞくみん》（高句麗の臣下）なり。しかるに倭が辛卯年《しんぼうのとし》（三九一年）をもって来《き》たりて、海を渡って百済《くだら》、□□□羅（新羅、加羅か）を破り、もって臣民となす」

（□は石碑表面が削れて読めない文字を表す）

倭が高句麗の勢力圏に侵入して、百済、新羅、加耶（加羅）の三国を従えたというのである。

しかし、この文章はそれに続く、広開土王が百済に対して大勝利をおさめた記事を修飾する前置きにすぎず、確実な史実を伝えるものではない。

倭の侵攻に対して、広開土王は三九六年に百済に出兵して、百済を従わせたという。しかし三九九年、百済は再び高句麗に背《そむ》いた。このとき百済と結ぶ倭は、高句麗の属国であ

広開土王と倭の関係年表

年代	出来事
391	倭《わ》が百済《くだら》、新羅《しらぎ》、加耶《かや》に出兵してそこを支配する?
396	高句麗の広開土王《こうかいどおう》が百済を平定する
399	百済が倭と通じ、倭人が新羅を攻める
400	高句麗の広開土王が新羅から倭兵を追う
404	高句麗の広開土王が帯方《たいほう》郡に侵入した倭兵を討つ
407	高句麗の広開土王が百済を攻めて大勝する

る新羅を攻めたとある。

高句麗の広開土王は軍勢を動員して、四〇〇年に、新羅の倭人に勝利して加耶まで攻め込んだ。さらに王は、四〇四年に帯方郡に侵入した倭にも勝利する。ついで広開土王は四〇七年に、百済を討って高句麗領を南方に大きく拡大した（上の表）。

広開土王碑の碑文は、このように記している。広開土王が優れた指導者であり、かれの時代に高句麗とヤマト政権との戦いが行なわれたことや、高句麗が百済を破って勢力を南方に拡大したことは認めていいだろう。

しかし、広開土王碑の碑文が記す華々しい勝利を続ける広開土王の姿には、かなりの誇張があったと考えられる。碑文には、広開土王が北朝の後燕朝《ごえんちょう》や西方の契丹《きったん》、北方の粛慎《しゅくしん》（挹婁《ゆうろう》）に勝利したことも誇らしげにつづられているからだ。

広開土王碑の碑文の作者による誇張を考慮しても、ヤマト政権が、高句麗と百済とが対立するなかで、その地位を高めた点は十分に認めてよい。次項に記す、倭の五王の南朝への朝貢は、その事実に対応するものであろう。

五世紀末、高句麗が日本より優位に立つ

◉韓国に残る前方後円墳の謎

広開土王は四一二年に亡くなったが、かれの没後にも、日本、百済連合と高句麗、新羅の連合との戦いが繰り返されたと考えてよい。この間、百済は日本に人質を送り、せっせと日本に朝貢した。

確実な記録はないが、この間に、新羅も日本を恐れてヤマト政権に使者を送るようになったと考えられる。

中国の南朝では、四二〇年に東晋朝が滅んで宋朝《そう》（劉宋朝《りゅうそうちょう》）が立っていた。宋朝は北朝から山東《さんとう》半島を奪っている。そのために、百済と南朝との海上交通はより便利になってい

倭の五王の朝貢

年代	『宋書』に見える倭の朝貢
421	讃、宋に遣使し叙される
425	讃、宋に遣使し朝貢
438	倭国王珍、宋に遣使し「安東将軍倭国王」となる
443	済、宋に遣使し「安東将軍倭国王」となる
451	済、「使持節都督倭・新羅・任那《みまな》・加羅・秦韓・慕韓《ぼかん》六国諸軍事安東大将軍倭王」となる
460	興、宋に遣使し朝貢
462	興、「安東大将軍倭国王」となる
477	倭国、宋に遣使し朝貢
478	武、「使持節都督倭・新羅・任那・加羅・秦韓・慕韓六国諸軍事安東大将軍倭王」となる

たと思われる。

　こういったなかで、四二一年に倭王の讃《さん》の使者が、百済の使者に伴われて劉宋朝におもむいた。

　それに続いて、讃のあとを継いだ倭王の珍《ちん》が「使持節《しじせつ》、都督《ととく》倭・百済・新羅・任那・秦韓《しんかん》（辰韓）・慕韓《ぼかん》（馬韓）六国諸軍事《しょぐんじ》、安《あん》東大将軍《とうだいしょうぐん》、倭国王」とみずから称して朝貢した。

　珍は、自分が称した官位を授けてほしいと劉宋朝の皇帝に願っている。これは「百済も新羅も金官加耶国も、わが国の指導のもとにある」と主張する行為であった。

　ここに挙げた讃が『古事記』などに見える履中《りちゅう》天皇である可能性は高いといわれる

が、珍が誰にあたるかは明らかではないと私は考えている。

ヤマト政権の王家では、履中天皇の時代から、王族間の内紛が続いていた。そのため、信頼に足る指導者を欠く日本の勢力が、朝鮮半島から後退したと見てよい。

朝鮮半島にある前方後円墳

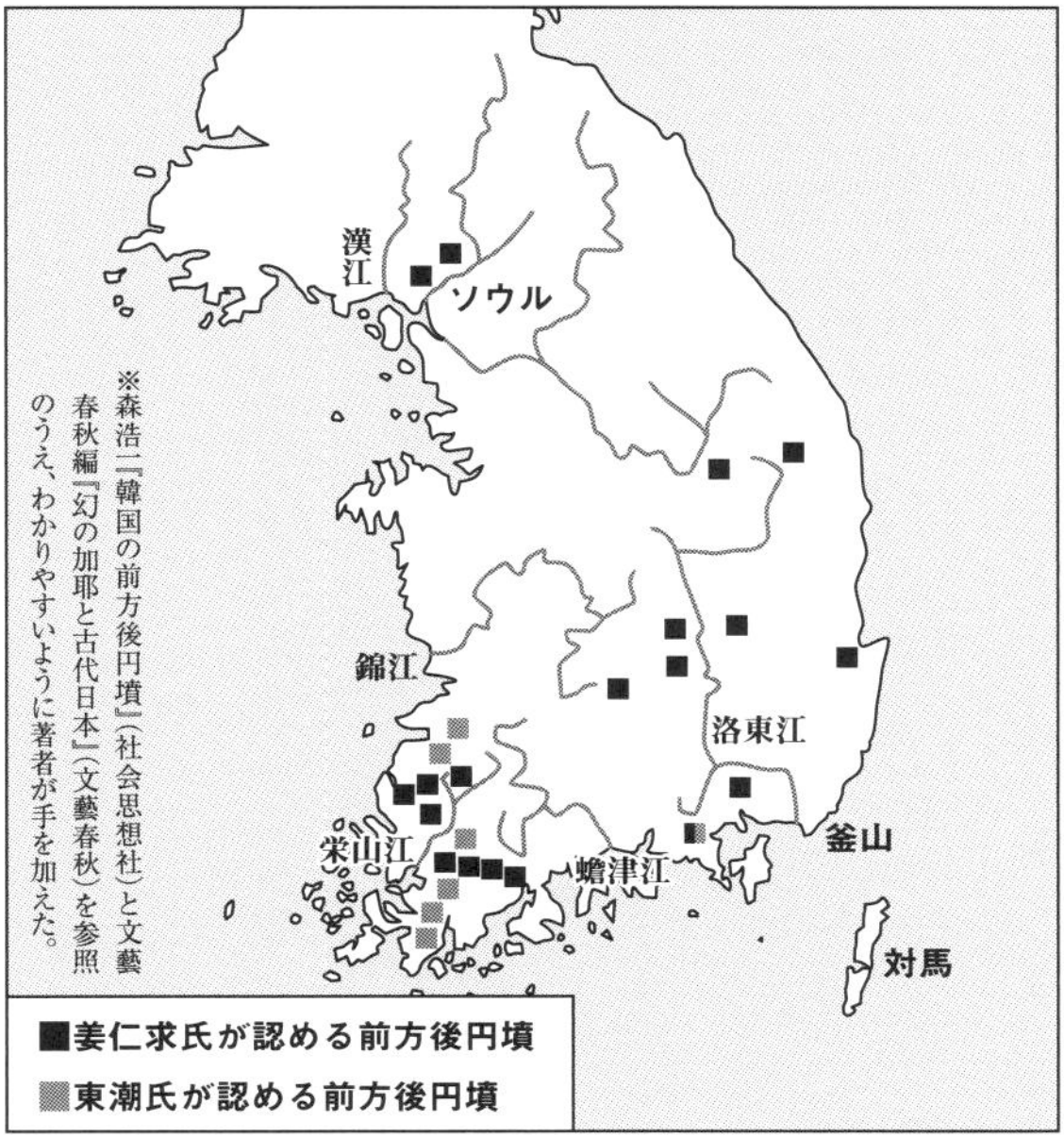

※森浩二『韓国の前方後円墳』（社会思想社）と文藝春秋編『幻の加耶と古代日本』（文藝春秋）を参照のうえ、わかりやすいように著者が手を加えた。

現在の韓国には、前方後円墳《ぜんぽうこうえんふん》がいくつか見られる。その多くが、ヤマト政権が朝鮮半島から後退した五世紀末ごろのものである。古墳の広まりは、この時期にヤマト政権配下の豪族が、思い思いに朝鮮半島に進出したことを物語るとされている。

そしてそのなかの栄山江《ヨンサンガン》流域の古墳は、百済王の要請で百済の援軍となった豪族が残したものだともいわれる。

◉百済の都・漢城を落とした高句麗の長寿王

日本の王家に内紛が続いた時期の高句麗に、長寿王《ちようじゆおう》という有力な指導者が現れる。広開土王のあとを嗣《つ》いだかれは、約七九年間の長期にわたって高句麗を治めた。

長寿王の時代に、高句麗の領地は南方に大きく拡大した。四七五年、長寿王は百済の都の漢城《かんじよう》を攻めて、その周辺の土地を得た。これによって百済は、都を南方の熊津《くまなり》に移さざるを得なくなった。

この少し前にあたる四六〇年代後半に、日本の王家にようやく雄略《ゆうりやく》天皇という優れた君主が現れ、王家の内紛をしずめた。

かれは四七八年に倭王武《ぶ》と名乗って、劉宋朝に朝貢した。倭王武は長文の上表文《じようひようぶん》（皇帝に差し出す文書）を送って、南朝の後援によって朝鮮半島における指導力を回復したいと願ったが、その望みは叶えられなかった。

以後、日本の国際的な地位はじわじわ低下し、四七八年のものを最後に南朝への朝貢も行なわれなくなった。しかし、有力な大王である雄略天皇は日本の文化を高めるために、意欲的に加耶のさまざまな技術者を招いた。その詳細は次項に記そう。

百済、新羅の圧力を受け、日本に移住した加耶の豪族

◉雄略天皇のもとで発展したヤマト政権

四、五世紀のヤマト政権に関する『古事記』や『日本書紀』の記事の大部分は、王家の伝承を集めた『旧辞《きゆうじ》』という書物をもとに書かれている。そしてその『旧辞』には、長期にわたる「大王の身内争い」の物語が書かれていた。

応神天皇と、その次の仁徳《にんとく》天皇の時代までは、王家はほぼ安定していた。しかし仁徳天皇の子の履中《りちゆう》天皇のときから、王族間の王位をめぐる争いが繰り返されたというのである。

五世紀の王家の系図には不確かな部分もあるが、履中天皇からかれの甥《おい》にあたる雄略天皇にいたる間に、主な王族が八人も「身内争い」で命を落としたと伝えられている。

雄略天皇は競争相手である二人の弟と一人の従兄、一人の従弟の四人をすべて倒したうえに、最大の豪族であった葛城《かつらぎ》氏の嫡流《ちやくりゆう》を討って大王になった。

ヤマト政権において強い指導力を得たかれは、ヤマト政権の勢力を高めるため、百済や加耶の先進文化の導入に力を注ぎ、有能な職人を加耶から招いた。

それとともに、雄略天皇は、一つの豪族にヤマト政権の一つの職務を受けもたせるトモ制（伴《とも》制）の整備に力を入れた。有力豪族がヤマト政権の重要な職務を分担するトモ制は古くからあったが、特定の技術をもつ中小豪族までトモ制に組み入れ始めたのである。『日本書紀』などには、雄略天皇が、技術をもつ移住者を招いたことを伝える記事がいくつか見える。

◉雄略天皇の時代に、東漢氏、秦氏の先祖が渡来

ヤマト政権で思うままの支配を行なった雄略天皇は、評判が悪かったらしい。『日本書紀』には次の記事がある。

「天皇は心をもって師《さかし》とし（自分が賢いと思い上がり）誤りて人を殺したまうこと衆《おお》し。天《あめの》下《した》、誹謗《そし》りて言《もう》さく、『太《はなは》だ悪《あ》しくましますす天皇《すめらみこと》なり』ともうす。ただ愛寵《めぐ》みたまう所《ところ》は、史部《ふひとべ》の身狭村主青《むさのすぐりあお》、桧前民使博徳《ひのくまのたみのつかしはかとこ》らのみなり」

史部はヤマト政権の漢文の文書を扱う下級役人であるから、身狭村主も桧前民使も、下流の豪族であると考えられる。雄略天皇はヤマト政権の有力豪族に嫌われており、二人の下級の役人だけに心を許していたというのである。

しかし、この二人の名前が出てくることから、雄略天皇が中国文化やさまざまな外国の先進文化に強い関心をもったありさまがうかがえる。『日本書紀』は青《あお》と博徳《はかとこ》が、大王の命を受けて二度にわたって呉《ご》（中国南朝）に渡る使者を務めたと記している。

これは中国の歴史書に見える、倭王武の遣使に対応するものと考えられる。身狭村主青らは二度目に中国に行ったときに、織物と縫物に長じた二人の娘を連れ帰ったともある。彼女たちは宮廷の女官に、中国南朝風の絹の衣服づくりを教えたのであろう。

前に述べたように、四七五年に高句麗が百済の漢城の地を奪ったために、百済が南方の弱い加耶諸国に圧力をかけ始めた。高句麗に奪われた土地に代わるものを、加耶から得ようと考えたのだ。

これによって、加耶に戦乱が広まったため、祖国に見切りをつけて、新天地に移り住もうと考える者も出てきた。この時代に、加耶から陸続きの新羅に移住した者や日本に渡る者が多く見られたのだ。

『日本書紀』には雄略天皇の時代のこととして、次のような記事が見える。

「新羅と戦うために朝鮮半島に渡った、紀小弓《きのこゆみ》が病没した。このときかれに従った吉備上道大海《きびのかみつみちのおおあま》が、韓奴《からやつこ》（韓人の技術者）六人を連れ帰り、かれらにヤマト政権の有力者である大伴室屋《むろや》に仕えるように命じた」

「吉備弟君《おときみ》が大王のもとに、百済の漢手人部《あやのてひとべ》（中国風の技術を身に付けた職人）、衣縫部《きぬぬいべ》（衣服づくりの職人）、宍人部《ししひとべ》（家畜を扱う職人）をつれてきた。雄略天皇はかれらに飛鳥の土地を与えた」

東漢氏《やまとのあや》と秦《はた》氏の先祖も、この時期に、職人たちを従えて来航したと考えられる。かれらは母国で中流豪族の地位にあったと推測されるが、私はその一行の人数は、この時代の日本の使者並みの五〇人、もしくはその倍の一〇〇人程度であったと推測している。

次章からは、渡来系といわれる個々の豪族について見ていくが、最初に、東漢氏を取り上げることにしよう。

第四章

東漢氏と結んだ蘇我氏はいかに勢力を拡大したか

あまりに不確実な、古代豪族の系譜

◉なぜ、古代豪族の系譜は信用できないのか

ヤマト政権は、大和の一部の有力豪族の連合体として発足した。皇室の祖先にあたる王家と物部《もののべ》氏、春日《かすが》氏が、初期のヤマト政権の担い手であった。

ヤマト政権はこのあと、「畿内」と呼ばれる大和とその周辺の地域の豪族を組み込んで発展していった。

このような経緯から、ヤマト政権は旧来の畿内豪族の連合体の形をとっていた。古墳時代の新参者でこの連合体に加われたのは、東漢《やまとのあや》氏、秦《はた》氏の二つの豪族にすぎなかった。その他に「今来漢人《いまきのあやひと》」などの、有益な学問や技術をもって王家に仕えた中流豪族になれた集団もいた。

これらに高句麗《こうくり》、百済《くだら》の王家の流れを引く高麗《こま》氏と百済王氏を加えれば、主な渡来系豪族を網羅したことになる。

東漢氏と秦氏は、上手に特定の有力豪族や王家に接近して勢力を拡大した豪族であった。

本章では、まずその中の東漢氏を取り上げよう。
『日本書紀』など日本古代の文献のなかには、古代豪族の系譜に関する記事が、きわめて多く出てくる。さらに平安時代初めになって朝廷が、当時の近畿地方中心部の主要な豪族の系譜を集めた『新撰姓氏録《しんせんしょうじろく》』という文献をまとめた。

この『新撰姓氏録』は、古代豪族を研究するときにきわめて有益かつ便利な手がかりとされる。しかし、日本古代史研究者の多数意見では、

「『新撰姓氏録』などの日本の古代豪族に関する記述は、あまり当てにならない」

とされる。『新撰姓氏録』に出てこない、地方の中小豪族の系譜はさらに怪しい。

なぜなら、系譜というのは、おおむね「私の祖先が○○であれば嬉しい」という、古代の日本人の願望を記したものにすぎないからだ。○○のなかには、神様の名前や古い時代の天皇、英雄の名前が入る。系譜をそのまま信用して歴史を記してしまうと、とんでもない誤りを犯すことになるのだ。

しかし、日本古代史の研究者の多くは、古代豪族の系譜を正面から批判することを避ける。これはひとえに、古代豪族の子孫にあたる人びとの夢を壊さないためである。

◉多すぎる東漢氏の子孫

平安時代初めには、東漢《やまとのあや》氏の流れを引く貴族のなかで坂上《さかのうえ》氏が最も有力であった。この家から、東北地方への遠征の指揮官を務め、京都の清水寺《きよみずでら》をひらいた坂上田村麻呂《たむらまろ》（田村麿）が出ている。

『坂上系図』に、次のような東漢氏の系譜が見える（119ページの系図）。平安時代初期の『坂上大宿禰本系帳《さかのうえのおおすくねほんけいちょう》』をもとにこの系譜が書かれたと、『坂上系図』にある。系図は、前漢朝の初代皇帝である高祖劉邦《りゅうほう》を自分たちの祖先としているが、これは、東漢氏の願望を示すものである。かれらは古代中国の貴人の子孫と称して、自分たちの家の格を上げようとしたのだ。

阿智王《あちおう》は『日本書紀』などに出てくる阿知使主《あちのおみ》と同一人物である。この阿知使主は四世紀末、応神《おうじん》天皇のときに日本へ移住してきたと伝えられている。

かれが約六〇〇年余りも前の、紀元前三世紀末から紀元前二世紀初めに活躍した劉邦（在位紀元前二〇二―紀元前一九五年）の曽孫《そうそん》であるはずがない。

『坂上大宿禰本系帳』は、次の約六〇の豪族が東漢氏から分かれたと記している。

東漢氏の系譜

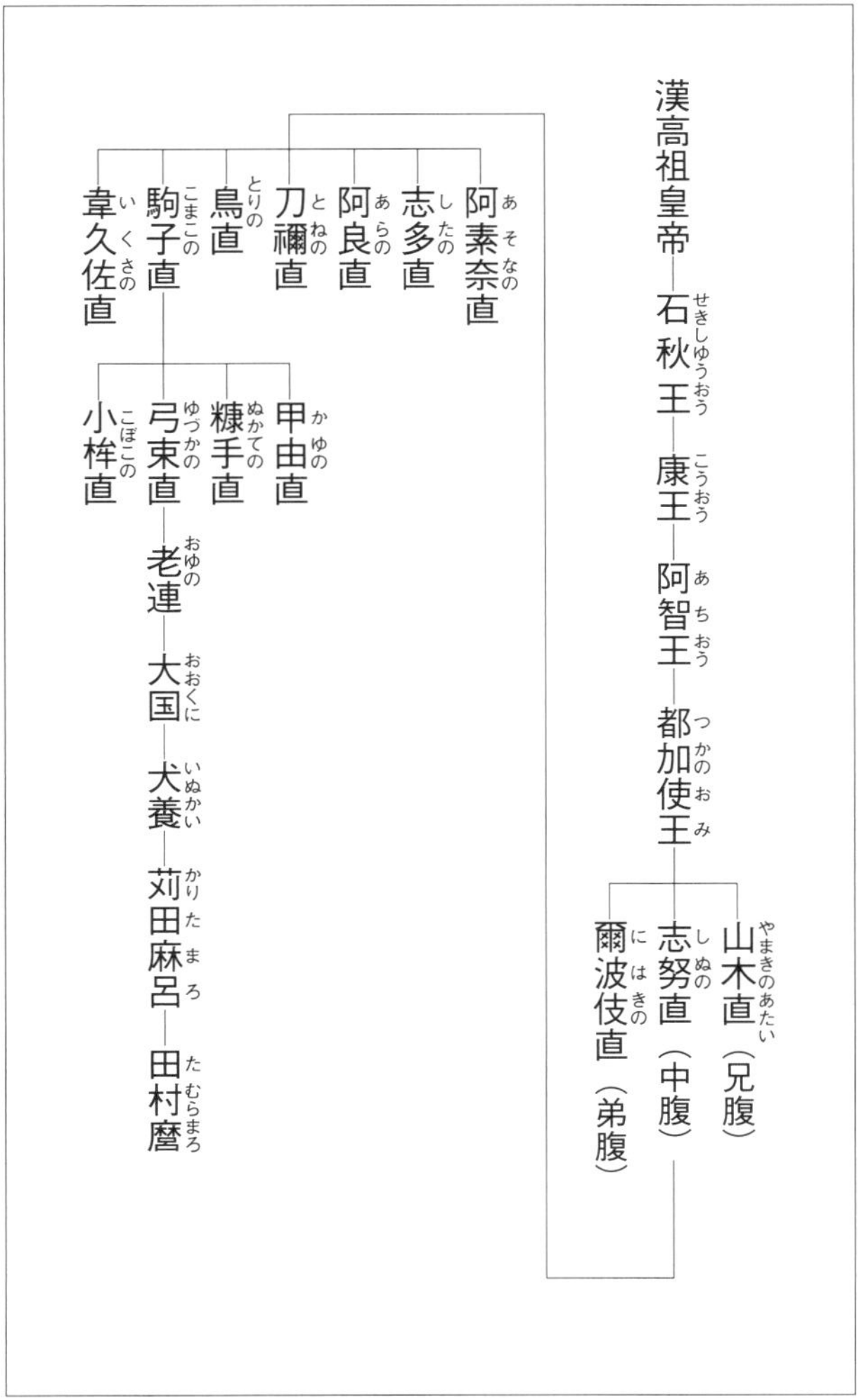

★民忌寸《たみのいみき》・檜原宿禰《ひばらのすくね》・平田《ひらたの》宿禰・平田忌寸・栗村《くりむらの》忌寸・小谷《おたにの》忌寸・民忌寸（伊勢《いせ》国奄芸《あまぎの》郡）・軽《かるの》忌寸・夏身《なつみの》忌寸・韓国《からくにの》忌寸・新家《にいのみの》忌寸・門《かどの》忌寸・蓼原《たてはらの》忌寸・高田《たかたの》忌寸・国覓《くにまぎの》忌寸

（陸奥《むつ》国新田《にいた》郡）・田井《たいの》忌寸・狩《かりの》忌寸・東文部《やまとのふみべの》忌寸・長尾《ながおの》忌寸・檜前直《ひのくまのあたい》（大和《やまと》国葛上《かつじょう》郡）・谷《たにの》宿禰・文部谷《ふみべのたにの》忌寸・文部岡《ふみべのおかの》忌寸・路《みちの》忌寸・路《みちの》宿禰——以上廿五《にじゅうご》姓兄腹（山木《やまきの》直〈119ページの系図〉の後）

★田部《たべの》忌寸・黒丸《くろまるの》直・於《おけるの》忌寸・倉門《くらかどの》忌寸・呉原《くれはらの》忌寸・斯佐《くさの》直・石占《いしうらの》忌寸・国覓《くにまぎの》忌寸・井上《いのうえの》忌寸・石村《いしむらの》己寸・林《はやしの》忌寸・郡《こおりの》忌寸・榎井《えのいの》忌寸（大和国吉野《よしの》郡）・河原《かわはらの》忌寸・忍坂《おしさかの》忌寸（大和・河内《かわち》国等）・与努《よのの》忌寸・波多《はたの》忌寸・長尾《ながおの》忌寸・畝火《うねびの》宿禰・荒田井《あらたいの》忌寸・蔵垣《くらがきの》忌寸・酒人《さかいりの》忌寸・坂上《さかのうえの》忌寸・蚊屋《かやの》宿禰・蚊屋《かやの》忌寸・坂上《さかのうえの》大宿禰・坂上《さかのうえの》忌寸（参河《みかわ》国）・白《しら》石《いしの》忌寸——以上廿八姓中腹（志努《しぬの》直〈119ページの系図〉の後）

★山口《やまぐちの》宿禰・文山口《ふみのやまぐちの》忌寸・桜井《さくらいの》宿禰・調《つきの》忌寸・谷《たにの》忌寸・文《ふみの》宿禰・文《ふみの》忌寸・文《ふみの》忌寸（大和国吉野郡）・文《ふみの》忌寸（紀伊《きい》国伊都《いと》郡）・文池辺《ふみのいけべの》忌寸——以上八姓弟腹（爾波伎《にはきの》直〈119ページの系図〉の後、三系統の文忌寸を一姓と教える）

しかし、これも事実ではない。それは平安時代初めの時点で、「阿知使主《あちのおみ》の子孫」と称していた豪族の主なものを集めたものであろう。

『坂上大宿禰本系帳』に記されたものの他にも、阿知使主の子孫と称した中央や地方の豪族は、多くあったと思われる。

東漢氏が子孫を増やして、東漢氏関連のきわめて多数の豪族を生み出したのではあるまい。東漢氏からさまざまな技術を教わった中小豪族が、東漢氏の主流を自分たちの本家に立てて、東漢氏に従ったと見るのがより妥当である。

次項では、このような大勢力をつくった東漢氏の渡来について見ていこう。

東漢氏は、いつ、どこから渡来したか

◉『日本書紀』の東漢氏渡来の記事は、信用できるか

東漢氏は六世紀から七世紀なかばにかけて、蘇我《そが》氏と親密な関係を築き、蘇我氏と共にヤマト政権の一大勢力となっていた。この時期の東漢氏の主流の動きは、ある程度追うことができる。

ところが、それより前の東漢氏の行動を記した文献の内容は、きわめて不確かだ。『日本

書紀』は、東漢氏の渡来を応神天皇の時代のこととして、次のように記している。
「倭漢《やまとのあやの》（東漢）直《あたい》の祖、阿知使主《あちのおみ》とその子の都加使主《つかのおみ》が、並《ならび》におのが党類《ともがら》十七県《あがた》を率《い》て来帰《もうけ》り」

東漢氏の祖先となる阿知使主、都加使主の父子が、一七の県の者を従えてやって来たというのである。県は奈良時代の一つの郡、もしくは郡の半分程度の土地であろう。これに従って、一つの県の人口を約一〇〇〇人としたうえで一行の人数を計算すると、約一万七〇〇〇人にもなる。人口約二万人の加耶の大部分の人間が、渡来したかのような記述である。

当時の航海技術からして、いっぺんにそれだけの人数が、対馬《つしま》海峡を渡って日本に来ることができたとは考えられない。「一七の県の人びとを連れて来た」というのは、東漢氏が有力になったのちにつくり出された誇大な話であろう。

他にも、「応神天皇のときに渡来した」と称した渡来系氏族がいくつかある。しかし、それは、

「私の家は、百済との国交が始まった古い時期から続いている」

と唱えて、権威づけするための虚構であろう。

渡来系の技術は、五世紀末以後になって、東漢氏の本拠である飛鳥《あすか》南部に広がり始めた。この点から見て、東漢氏の渡来は五世紀末ごろだったと考えるのが妥当ではあるまいか。

『日本書紀』は、東漢氏の先祖がどこから日本に渡って来たのかを記していない。したがって、のちに東漢氏は百済から来たという伝説もつくられた。

しかし、日本古代史の研究者の多くは、「東漢」の「漢《あや》」は、加耶《かや》の小国のなかで日本と親しかった「安羅《あら》（安耶《あや》）」の国名を表すと考えている。ゆえに安羅から渡って来た豪族が「安羅氏」、つまり「漢氏」と称したというのだ。

漢氏は大和の東漢氏と河内の西漢氏《かわちのあやし》に分かれたが、西漢氏の勢力がそう強くなかったため、東漢氏が漢氏の一族を束《たば》ねることになった。

◉応神天皇ではなく、雄略天皇のときに渡来した？

「私の先祖は多くの民衆を従えて移住してきた」と唱えた豪族は、東漢氏と秦《はた》氏だけである。この点から見て、ある程度の人数を連れてやって来た朝鮮半島の豪族は、東漢氏と秦氏だけであったと考えてよい。

この他、五世紀に個々の職人が、加耶から日本に移住してヤマト政権に仕えた例はあったと見てよい。前に記したように、そのころには、多人数の無名の移住者が見られた。
ついで六世紀に入ると、「今来漢人《いまきのあやひと》」と呼ばれる進んだ技術をもつ渡来人が登場するが、かれらは男性数人か、もしくは一、二家族で使者の船や貿易商の船に乗って来航したのであろう。
あとで述べるように、七世紀末の百済と高句麗《こうくり》の滅亡時にも大人数の集団が、日本に亡命してきた。
それでは、東漢氏と秦氏は、いつごろ日本に来たのか。日本古代史研究者のなかには、東漢氏と秦氏の渡来を五世紀初めにおく者と、それを五世紀末の出来事とする者がいる。私は『日本書紀』の雄略朝の次の記事を根拠に、後者の五世紀末の説をとっている。

「詔《みことのり》して秦《はた》の民を聚《と》りて、秦酒公《さけのきみ》に賜《たま》う。公《きみ》よりて百八十種の勝《すぐり》（下級豪族）を領率《ひき》いて、庸調《ようちょう》（貢納品）の絹縑《きぬかとり》（絹布など）を奉献《たてまつ》りて、朝廷《みかど》に充積《つ》む。因《よ》りて姓を賜いて禹豆《うず》麻佐《まさ》（太秦《うずまさ》）と曰《い》う」

「詔して『漢部《あやべ》を聚《つど》えて、その伴造《とものみやつこ》（役人を指揮する者）を定めよ』とのたまえり。姓を改めて直《あたい》と曰《い》う（漢使主《あやのおみ》らに『姓を賜いて直と曰う』という異伝もある）」

前の記事は、秦酒公に秦の民を支配させて太秦の姓を授けたものである。これの意味は、次章で詳しく解説しよう。

そしてあとの記事は、このときに初めて漢氏（東漢氏）に漢部を支配させたことを伝えるものである。

さらに『日本書紀』の、この少しあとの部分に、雄略《ゆうりやく》天皇が大連《おおむらじ》（大臣《おおおみ》に次ぐヤマト政権の有力者）の大伴連室屋《おおとものむらじむろや》と東漢直掬《やまとのあやのあたいつか》の二人に遺言を残したという記述がある。天皇が臨終にあたって自分の後継ぎの白髪《しらかの》皇子（清寧《せいねい》天皇）を支えてくれることを頼んだというのである。

雄略天皇の遺言の記事は、東漢氏の指導者が雄略天皇のときに、「使主」の敬称に代わって「直《あたい》」というヤマト政権の豪族を格付けするカバネを名乗ることになったとする、前の記事を裏付けるものだ。なお、そこに出てくる東漢直掬《やまとのあやのあたいつか》は、前にあげた都加使主《つかのおみ》と同一人物と見られる。

『日本書紀』には、雄略天皇の遺言を受けた室屋《むろや》と掬《つか》（都加使主）が、王位を狙って謀反を起こした白髪皇子の異母弟の星川《ほしかわの》皇子を討って、白髪皇子を大王としたとある。

この記事は、天皇の交代に関わる記事であることもあり、比較的信用できるものと考えてよい。その点から見て、掬《つか》が、雄略天皇の時代に実在した人間であると見てよい。

それゆえ、この都加使主が、雄略天皇の治世の一〇〇年ほど前にあたる応神天皇の時代に渡来したとは考えられない。都加使主は雄略天皇の招きを受けて、職人たちを連れて来航したのであろう。

雄略天皇は、都加使主が連れてきた職人を、王家直属の家臣にしたり、いくつかの集団に分けて有力豪族に仕えさせたりせずに、そのまま都加使主に管理させた。

そのため東漢氏は、ヤマト政権からすぐれた技術をもつ職人を抱える豪族として重んじられることになる。

◉カバネの制度と東漢氏に与えられたカバネ「直」

ここで、東漢掬《やまとのあやのつか》(都加使主《つかのおみ》)が与えられた、直《あたい》のカバネについて説明しよう。大王に仕える豪族に授けて代々相続させていくカバネの制度は、雄略天皇の時代にあたる五世紀末ごろから整えられたと考えられている。

このころから、有力豪族とその同族には、臣《おみ》、連《むらじ》、君《きみ》のカバネが授けられるようになった。王家から自立して独自の祭祀《さいし》を行なう地方豪族は、主に直《あたい》のカバネが授けられた。

また、雄略天皇の時代以降の、トモ制と呼ばれるヤマト政権の官僚組織の整備のなかで、ヤマト政権のさまざまな職務を請け負う中小豪族に、造《みやつこ》、首《おびと》、史《ふひと》、画師《えし》、薬師《くすし》、吉士《きし》、勝《すぐり》、村主《すぐり》などの多様なカバネを名乗らせるようになっていった。『日本書紀』などでは、「蘇我臣《そがのおみ》」のような豪族名とカバネを合わせたものを「姓《かばね》」と表記する場合と、「臣」のようなカバネだけを「姓《かばね》」とする例が見られる。そのため、日本古代史の研究者は「蘇我臣」のようなものを「姓《せい》」、「臣」などを「カバネ」と書くことで両者を区別している。

六世紀に入ると、ヤマト政権の職務を分担する中小豪族を伴造《とものみやつこ》、王家に従った地方豪族を国造《くにのみやつこ》と総称するようになった。

国造のなかで有力な出雲臣《いずものおみ》、尾張連《おわりのむらじ》、筑紫君《つくしのきみ》などは、臣や連、君のカバネを用い、それ以外の者は「伊豆国造《いずのくにのみやつこ》の日下部直《くさかべのあたい》」のような直のカバネを用いた。東漢氏はかれらの本拠である檜隈《ひのくま》（飛鳥南部の地）で自治を許されたために、地方豪族と同格の直のカバネを授かったと考えられる。

次項では、渡来してきた東漢氏に与えられて、東漢氏その本拠となった飛鳥の地について見ていこう。

奈良盆地の後進地「飛鳥」を開発した東漢氏

◉東漢氏の本拠・奈良県明日香村の桧前

東漢氏の伝承に、東漢氏の伝説上の先祖である阿知使主《あちのおみ》が、大和国高市郡《たけち》桧前《ひのくま》（檜隈）村に領地を与えられたとある。阿知使主は後に都加使主という実在の人物の父として創作された人物である。

それでも、雄略天皇の治世の五世紀末に、東漢氏の初代にあたる都加使主《つかのおみ》と、かれの配下の人びとが桧前に居住地を与えられたのは事実と認めてよい。

桧前は、現在の奈良県の明日香村《あすか》の南部にある。そこは吉野山に連なる山地の麓《ふもと》に位置する、古代の飛鳥の南のはずれにあたる地であった。

檜隈寺跡《ひのくまでら》のあたりが、東漢氏の本拠地であった。檜隈寺は東漢氏が営んだ氏寺《うじでら》（一族を守る寺院）であったが、室町時代ごろに廃寺となった。この檜隈寺は、六七九年に唐から帰朝した道光《どうこう》律師によってつくられたと伝えられる。

檜隈寺跡からは、平安時代の舎利壺《しゃりつぼ》（仏舎利《ぶつしゃり》を納める壺）や白鳳《はくほう》時代（飛鳥時代末）の瓦や天平《てんぴょう》時代（奈良時代）の瓦が出土した。

檜隈寺跡のそばに於美阿志《おみあし》神社があるが、この神社は、東漢氏の氏神の流れを引くと考えられる。なぜなら、於美阿志神社の祭神は、東漢氏の先祖とされる阿知使主とその妻の二柱の神だからだ。

神社の伝承によれば、

「応神天皇のときに、阿知使主の子孫や桧前《ひのくま》の住民が、阿知使主の徳を慕《した》って阿知使主夫妻を祀る神社を創建した」

ということになる。

この於美阿志神社の南東に檜隈寺の東塔跡があり、そこの土壇《どだん》の上には、のちに建てられた十三重石塔（上の写真）が残る。他にも神社の南西に西塔跡らしい土壇が、神社の北側に金堂《こんどう》（本堂、仏堂）跡が

於美阿志神社の十三重石塔

上部の一部を欠き、現在は〝十一重〟になった十三重石塔。重要文化財に指定されている。

残っている。

◉飛鳥南部の豪族を従え、発展させる

飛鳥の地は、五世紀なかばまでは奈良盆地のなかでも後進地であった。したがって集落跡はあるが、有力な古墳は見られない。

奈良盆地を潤す大和川の支流の流域のなかで、初瀬《はつせ》川、布留《ふる》川、佐保《さほ》川、葛城《かつらぎ》川の流域は早くから開けていた。

初瀬川の支流の纒向《まきむく》川流域に、王家（皇室の祖先）の本拠地である奈良県桜井《さくらい》市纒向《まきむく》遺跡がある。そして、布留川方面に物部《もののべ》氏、佐保川方面に春日《かすが》氏、葛城川方面に葛城氏という有力な豪族がいた。

しかし、葛城川に近い曾我《そが》川や飛鳥川の流域には、五世紀ごろまで有力な豪族が見られなかった。奈良盆地の外れにある飛鳥は五世紀まで、古くからその地に拠《よ》る中小豪族が分立する形になっていたのであろう。飛鳥の豪族たちをまとめる有力者は、まだ現れなかったのだ。

そのような飛鳥の南部に、加耶《かや》の先進技術をもった東漢《やまとのあや》氏が移住してきた。しかも雄略

大和川の支流

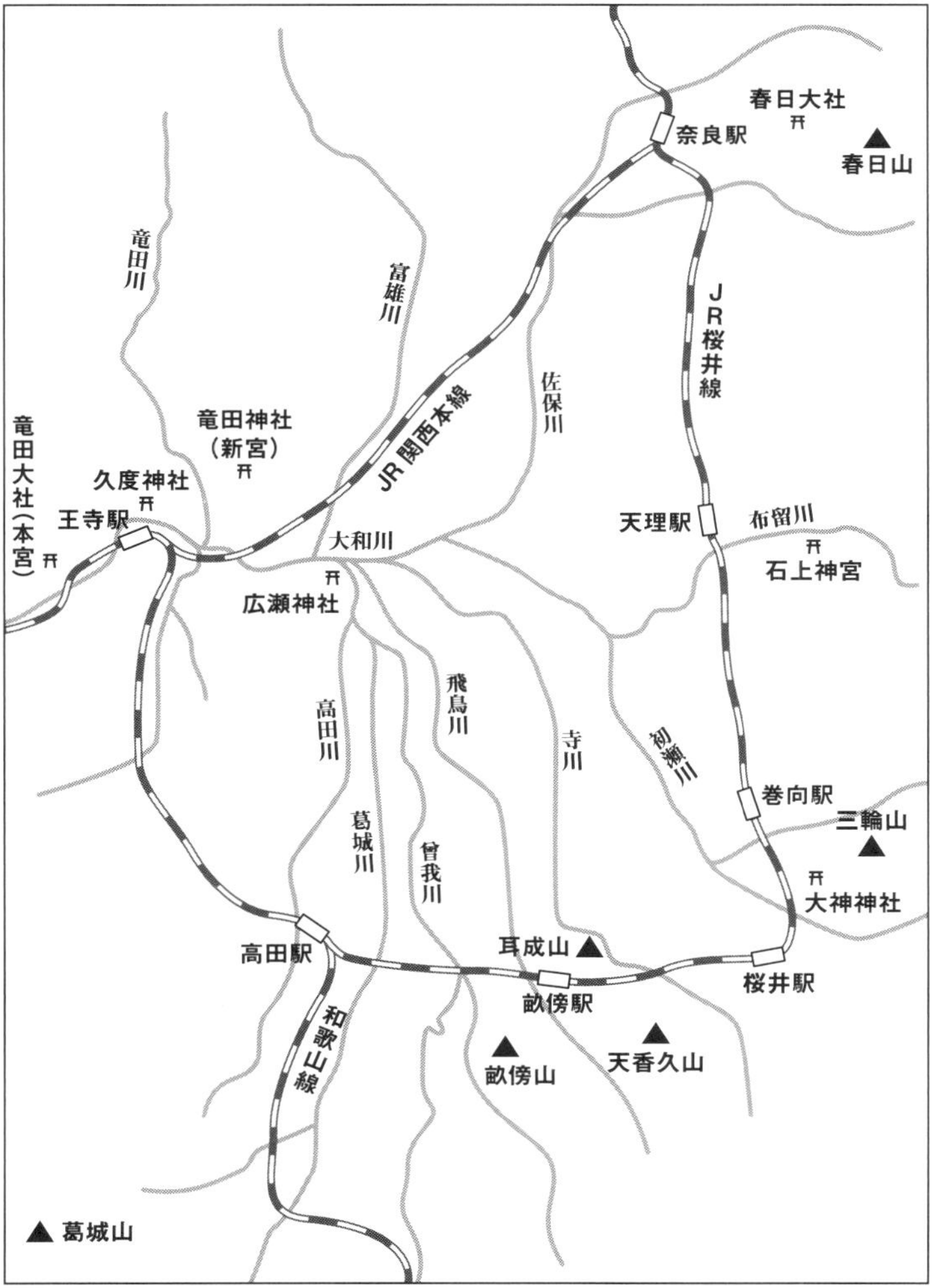
春日大社
奈良駅
春日山
竜田川
富雄川
JR桜井線
JR関西本線
佐保川
竜田神社
（新宮）
竜田大社（本宮）
久度神社
王寺駅
天理駅
布留川
大和川
石上神宮
広瀬神社
飛鳥川
高田川
寺川
初瀬川
巻向駅
三輪山
葛城川
曽我川
大神神社
耳成山
高田駅
桜井駅
畝傍駅
和歌山線
畝傍山
天香久山
葛城山

天皇は、都加使主《つかのおみ》のもつ先進文化を高く評価してかれを重用した。

　こういったことを知った飛鳥南部の豪族たちは、自分の家の地位を上げるために、進んで東漢氏に従い、かれらのもつ先進技術を学んだと考えられる。そのため、古くから飛鳥南部にいた多くの豪族が、東漢氏の同族団に組み込まれていった。私はこのように考えている。

　東漢氏は、加耶の進んだ農業技術も保有していた。そのため五世紀末から、東漢氏の指導によって飛鳥南部の農地が急速に増加する。そのため飛鳥川流域が、王家の勢力圏であった初瀬川流域に匹敵するほど豊かになっていった。五世紀末に檜隈《ひのくま》の地は急速に発展し、東漢氏や東漢氏に関連する豪族が築いた有力な古墳も見られるようになる。

　少しあとのものであるが、東漢氏配下の今来漢人《いまきのあやひと》によって、飛鳥川に木葉井堰《このはいぜき》と豊浦井《とゆら》堰が築かれている。それらは大陸の技術を用いてつくられた、飛鳥川をせき止めて、水田に水を引くための灌漑《かんがい》施設である。

　木葉井堰の名の井堰は現在でも見られるが、それは奈良時代以降に、もとの木葉井堰の約一五〇メートルほど上流につくられたものと考えられている。いずれにせよ、東漢氏の繁栄の足跡が見られる貴重な場所であろう。

このような飛鳥の発展に最初に目を付けたのが、蘇我氏であった。

蘇我氏、渡来系の技術者を組み込んで勢力を拡大する

◉四大勢力の一つ・葛城氏から分かれた蘇我氏

蘇我氏は、葛城《かつらぎ》氏から分かれた豪族である。葛城氏は葛城川流域に起こって、その勢力を西方の葛城山麓方面に拡大していった豪族だと推測されている。

四世紀から五世紀の奈良盆地では、王家と葛城一族、物部一族、春日一族の四者からなる四大勢力が並び立っていた。そのころのヤマト政権を、王家、葛城氏、物部氏、春日氏を指導者とする連合政権と評価することもできる。

蘇我氏の全盛は、その四大勢力のなかの葛城氏の嫡流《ちゃくりゅう》が没落したことに始まる。そのあたりを説明するために、私が推測した系図を示しておこう（134ページ）。

雄略天皇はヤマト政権における指導力を握るために、王位に就く直前に大臣の葛城円《つぶら》を討った。そして、葛城一族の平群真鳥《へぐりのまとり》を引き立てて大臣にした。

さらに、かれは物部目《め》と急速に勢力をつけてきた大伴氏の大伴室屋《むろや》を大連《おおむらじ》にして、平群

葛城氏と蘇我氏の系図

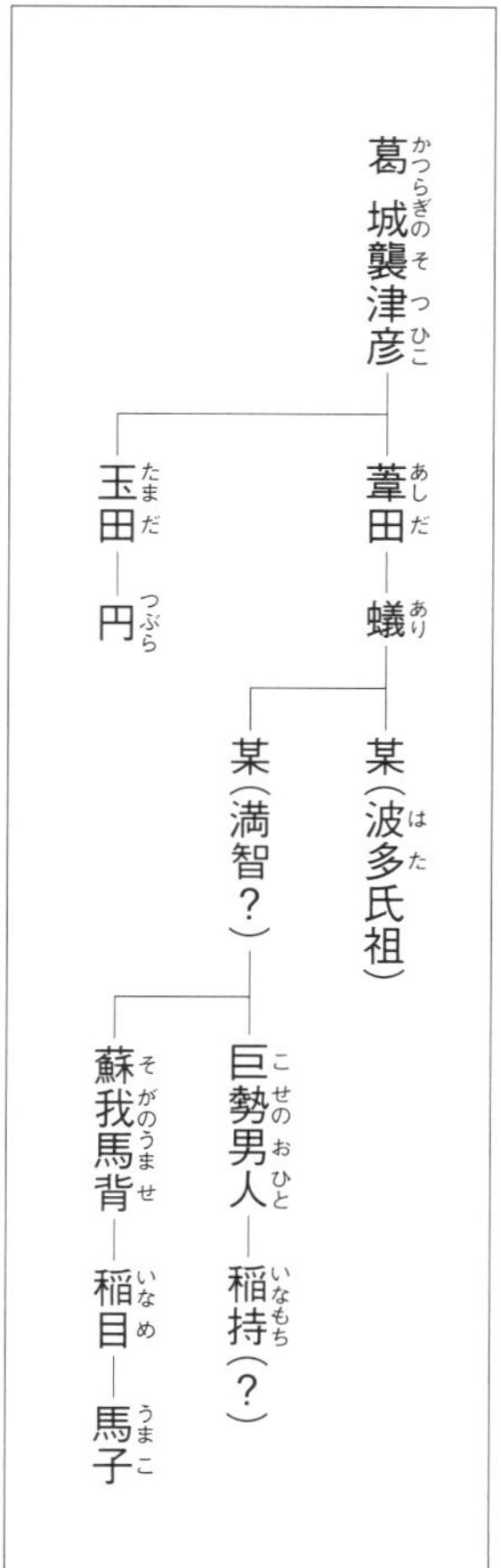

真鳥の抑えとした。葛城一族の勢力は、葛城円の死によって急速に低下した。葛城円が滅んだあと、葛城家の庶流で円の従兄にあたる葛城蟻《あり》の二人の子供は、葛城に代わって波多《はた》、巨勢《こせ》と名乗ったと推測できる。

そして巨勢男人《おひと》が、六世紀初めの継体《けいたい》天皇の時代に大臣になったころ、男人の弟と見られる馬背《うませ》は蘇我の名を用いていた。つまり蘇我氏は、葛城氏の庶流・波多氏の分家にあたる巨勢氏の分家ということになる。

このような蘇我氏が、東漢氏と連携するという、まったく新しい策を用いて急成長したのである。

◉渡来系の技術者を配下に置き、ヤマト政権の財政を握る

蘇我氏は、葛城氏の勢力圏の東方の、曾我《そが》川流域に本拠をおいた。そこは飛鳥川流域の東方に位置していた（131ページの図）。

蘇我馬背が活躍した時代は六世紀初めだったと思われるが、かれは『新撰姓氏録《しんせんしょうじろく》』の蘇我氏の系譜だけに出てくる人物で、『日本書紀』には登場しない。

馬背は、飛鳥南部が東漢一族の主導によって急速に発展していることを知っていた。それゆえ、かれの時代に、蘇我氏は曾我川流域から飛鳥北部へと勢力を拡大し、東漢氏と連携して飛鳥全域の開発に乗り出したと推測できる。

斎部《いんべ》氏というヤマト政権の祭祀を担当する豪族の古伝をまとめてつくられた、『古語拾遺《こごしゅうい》』という平安時代初期の文献がある。そのなかに次のような記事が見える。

「雄略天皇のときに大蔵《おおくら》を建てて、蘇我満智《まち》にそこを支配させた。秦《はた》氏が満智のもとで大蔵の出納を行ない、東文《やまとのふみ》氏、西文《かわちのふみ》氏が、帳簿の作成にあたった」

この記述によって蘇我氏が、大蔵というヤマト政権の倉庫を管理し、ヤマト政権の財政を担当する豪族であったことがわかる。蘇我満智は系譜を整えるために、後世につくられた架空の人物である可能性が高い。そのため、蘇我氏のその役目は、蘇我の姓が用いられ

るようになったのちの蘇我馬背、もしくはその子の稲目《いなめ》の時代からのものではあるまいか。

財政には、実務に長じた渡来系の豪族の能力が欠かせなかったろう。東文氏（文氏）は東漢氏の同族と称した豪族の一つである。また西文氏は、王仁《わに》の子孫と称した河内《かわち》の豪族で、東文氏と親しい関係にあった。

王家が行なう大祓《おおはらえ》という重要な神事のなかに、東文氏と西文氏が祓刀《はらえのたち》（悪いものを退《しりぞ》ける呪術に使う特別な力）を献上して祓詞《はらえことば》をよみ上げる行事がある。

すぐ前の『古語拾遺』に記されたように、山城に本拠をおく秦氏も蘇我氏と親しい関係にあった。蘇我氏はヤマト政権の財政の職務をつうじて、渡来系の豪族を支配下に組み込んでいったのであろう。次項では、そのような蘇我氏の下で活躍した東漢氏が、六世紀にどう成長したのかを見ていこう。

東漢氏は、なぜ急速な発展をとげられたか

◉東漢氏が最新の技術を持ち続けられたわけ

東漢氏が支配した人びとは、漢部《あやべ》と漢人《あやひと》の二つに分けられる。漢部は東漢氏が与えられ

た領地に住む農民であろう。そして、それと区別された漢人を、関晃氏は、六世紀後半ごろ以後に新たな技術をもって家族単位で渡来してきた人びとではないかとしている。

東漢氏は、古くから大和や河内に勢力を張った血縁観念が非常に強い豪族たちとは、異なる方針をとった。ヤマト政権の有力豪族はきわめて排他的であったが、東漢氏は積極的に自家と血縁関係のない中小豪族や、新たに日本に移住してきた者を自分たちの仲間に迎えたのである。

だから、独立した豪族になるほどの力がない移住者は、進んで漢人となって東漢氏の保護を受けたと考えられる。王家も、東漢氏が職人を上手に組織してヤマト政権のために役に立ってくれることを歓迎した。漢人で特に優秀な者が、東漢一族に加えられて、東漢氏の推薦によってヤマト政権から某直の姓をもらった例もあったろう。

このようにして、東漢氏のもつ技術はしだいに発展していった。

前に記したように、東漢氏は飛鳥南部の開墾にも力を入れた。しかし、あとで詳しく説明するように、同じ渡来系豪族の秦《はた》氏はその東漢氏よりも農業に重きをおき、地方の有力豪族として成長していく方向をとったと考えられる。

その結果、六世紀末ごろから、先進技術の東漢氏と経済力の秦氏が、ヤマト政権の政治に大きな影響をもつようになっていく。

◉強い軍事力を支えた新技術と団結力

飛鳥の中小豪族や新規の移住者を同族団に取り込んでいったおかげで、東漢氏は六世紀後半ごろから強い軍事力をもつようになっていった。

武器づくりに欠かせない鉄工技術や、馬具づくりに役立つ革の加工技術をもつ職人を多く抱えたことが、何よりも大きかっただろう。また、中国の学問に通じた東漢氏の部下のなかには、兵法を学んだ者もいた。東漢氏の故郷は加耶の安羅国《あら》（141ページ、83ページの図も参照）ではあるが、加耶の人間のなかには百済《くだら》の騎馬民族がもっていた乗馬関連の技術をいちはやく身に付けた者も少なくなかったろう。

日本に古くからいた有力豪族は、「神様の子孫」と称して血統を重んじていた。しかも七世紀前半ごろまでの日本古来の豪族の氏《うじ》は、しばしば分裂した。

前に挙げたように、葛城氏から波多氏が分かれ、その波多氏から巨勢《こせ》氏が分かれる。さらに巨勢氏から蘇我氏が分かれるといった例が、日常的に見られたのである。

本家の風下に立つことを面白く思わない者が、新たな氏《うじ》を起こすのだ。こういった発想は、江戸時代をへて現代まで受け継がれているのではあるまいか。

四九八年に、大伴室屋《おおとものむろや》の孫にあたる大伴金村《かなむら》が平群真鳥《へぐりのまとり》、鮪《しび》の父子を討ったときに、他の葛城一族の豪族は平群氏に加勢しなかった。この例からわかるように、いったん別の氏《うじ》になってしまえば、個々の氏《うじ》が独自に行動するのが当然とされた。

そうでありながら、葛城一族、物部一族、春日一族や大伴氏、佐伯《さえき》氏らの大伴一族は、利害が一致するときは同じ系統の同族団がまとまって行動する。

ヤマト政権の主要な有力豪族は、おおむね、

「自分に近い血縁の豪族であっても、どのような動きをとるか読みきれない」

と考えていた。これに対して東漢一族は、指導者である東漢氏の氏上《うじのかみ》（一つの氏《うじ》の長）のもとに、強く団結していた。

東漢一族とはいっても、そのなかの大部分は飛鳥に古くから居住していた中小豪族であったが、東漢氏の氏上が集合をかければ、大兵力が集まる。それは個々の有力豪族よりはるかに勝るものであったろう。

次項では、そのような東漢氏と連携した蘇我氏の成長について見ていこう。

六世紀なかばの欽明朝で、急成長する蘇我氏

◉政界の表舞台に登場する東漢氏

六世紀なかばから、東漢氏の技術職としてのはたらきの記事がほとんど見られなくなる。それに代わるように、東漢氏とその同族が、政治や外交面の記事にしばしば現れるようになっていく。

この時期には大王《おおきみ》の王宮が、主に先進地である飛鳥につくられるようになっていた。欽《きん》明《めい》天皇の時代にあたる六世紀なかばから、蘇我氏が代々大臣をつとめるヤマト政権最大の豪族に成長し、それと結んだ東漢一族が政治の表舞台で活躍するようになったのだ。

きっかけは、欽明天皇が王位に就いてまもなく、長きにわたってヤマト政権で指導的立場に立っていた大伴金村《かなむら》が失脚したことにある。このあと大臣《おおおみ》の蘇我馬子《うまこ》と大連《おおむらじ》の物部尾《お》輿《こし》が、大王と共に国政にあたるようになった。

五五二年（五三八年説もある）に百済の聖明王《せいめいおう》が、仏像や仏典を日本に送って仏教を受容するように勧めてくるという出来事があった。

百済はこれ以前から、急速に成長する新羅の圧力に苦しめられていた。新羅は、五世紀末から急速に官僚組織や軍制を整えて領土を拡大しており、六世紀初めには、日本と親しかった金官《きんかん》加耶《かや》国《こく》を併合していた。

百済は、加耶をめぐって新羅と対立している日本と連携して、新羅に当たろうともくろんでいたのである。

真興王の時代の新羅の成長

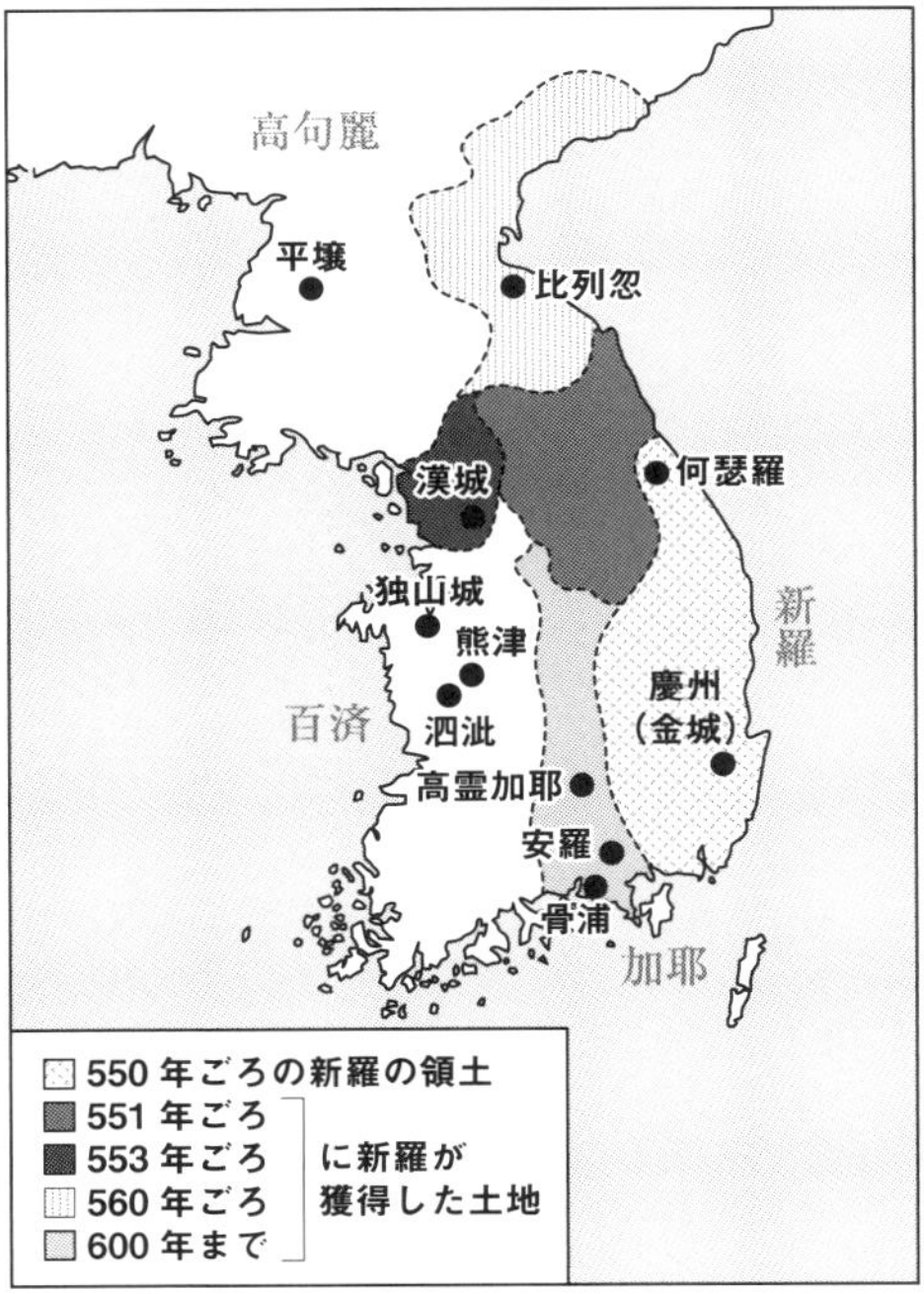

蘇我馬子は、ヤマト政権に仏教が伝えられたときに、「仏教を日本に取り入れるべきである」と主張したと『日本書紀』は記している。これに対して物部尾輿は、仏教を受け入れるのに猛反対したとある。そのため欽明天皇は、蘇我氏に限って仏教を信仰することを

許すことにしたという。

『日本書紀』のこの記事は、四天王寺《してんのうじ》（大阪市）がつくった、「仏の罰《ばち》によって物部氏が滅んだ」といって仏教を勧める物語に拠《よ》って書かれたと考えられている。

ゆえに、物部氏の仏教排斥の話の物語風の部分が、後世に創作された可能性もある。しかし六世紀なかばの時点で、仏教に好意的な豪族と仏教嫌いの豪族との間で、ある程度の反目《はんもく》は見られたはずだ。

蘇我氏と連携する東漢一族は、早々と崇仏《すうぶつ》の意思を明らかにしたのであろう。『日本書紀』には、欽明天皇の次の敏達《びだつ》天皇のとき（五八四年）に、東漢一族の池辺《いけべの》（文池辺《ふみのいけべ》）直氷田《あたいひた》が渡来系の司馬達等《しめだちと》と共に、蘇我稲目《いなめ》の子・蘇我馬子の命を受けて日本各地を巡って、仏教のわかる者を探し求めたという記事がある。

◉物部氏を討ち、蘇我氏が全盛を迎える

蘇我稲目は、欽明天皇のときに渡来系の胆津《いつ》らを起用して、吉備《きび》国で白猪屯倉《しらいのみやけ》（児島屯倉《こじまの》）と呼ばれる広大な王家の領地開発に着手した（五五五年）。稲目はそれ以前に、自分の二人の娘、堅塩媛《きたしひめ》と小姉君《おあねぎみ》を欽明天皇の后《みめ》（庶妻）に送り込んでもいた（143ページの系図）。

蘇我氏の政略結婚

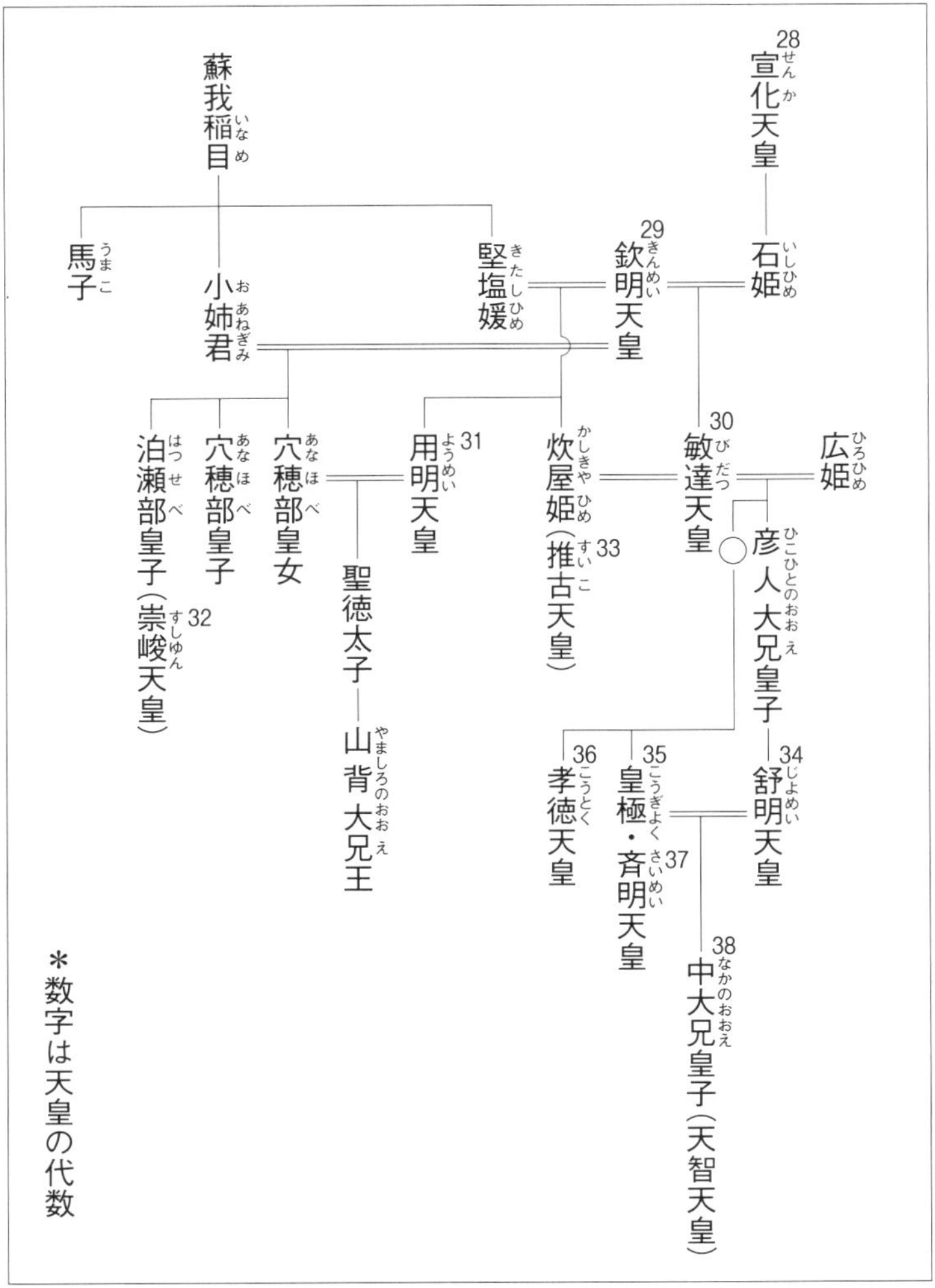
28 宣化《せんか》天皇
石姫《いしひめ》
29 欽明《きんめい》天皇
堅塩媛《きたしひめ》
蘇我稲目《いなめ》
馬子《うまこ》
小姉君《おあねぎみ》
30 敏達《びだつ》天皇
広姫《ひろひめ》
炊屋姫《かしきやひめ》（推古《すいこ》天皇）33
31 用明《ようめい》天皇
穴穂部《あなほべ》皇女
穴穂部《あなほべ》皇子
泊瀬部《はつせべ》皇子（崇峻《すしゅん》天皇）32
聖徳太子
山背大兄《やましろのおおえ》王
彦人大兄《ひこひとのおおえ》皇子
34 舒明《じょめい》天皇
35 皇極《こうぎょく》・斉明《さいめい》天皇 37
36 孝徳《こうとく》天皇
38 中大兄《なかのおおえ》皇子（天智天皇）
＊数字は天皇の代数

物部尾輿は、そんな蘇我氏の急成長を苦々しく思っていたとみてよい。『日本書紀』に、尾輿が蘇我稲目が建てた向原寺《むくはらでら》を焼いたという記事がある。

このあと、蘇我氏と関わりがない敏達《びだつ》天皇（欽明天皇と宣化天皇の皇女の間の子）が立って、蘇我馬子が大臣に、尾輿の子の守屋《もりや》が大連《おおむらじ》になった。このあたりから、蘇我氏と物部氏との勢力争いが本格化する。

『日本書紀』は、物部守屋が大掛かりな排仏を行なったと記している。それでも、東漢氏などと結ぶ蘇我氏の優位は揺るがなかった。馬子は敏達天皇の没後に、姉・堅塩媛の子の用明《ようめい》天皇を王位につけて（五八六年）、着々と仏教興隆策を進めていく。

ところが、この用明天皇が二年で没してしまう。このとき、物部守屋は自分と親しい穴《あな》穂部《ほべの》皇子を大王にしようと企んで、挙兵の準備にとりかかった。これを知った蘇我馬子は先手を打つ。王族や葛城一族、大伴氏を味方に引き入れて、大軍を組織して物部守屋を攻め滅ぼした（五八七年）。

これによって、蘇我馬子や蘇我氏と結んだ東漢氏の全盛期が訪れる。用明天皇の王子にあたる聖徳太子が、蘇我馬子政権のもとで日本文化の育成や仏教興隆策を進めたのも、物部守屋滅亡後の崇峻《すしゅん》天皇から推古《すいこ》天皇にかけての時代であった。ちなみに太子は、物部守屋を攻撃する軍勢にも加わっている。

しかし蘇我氏の全盛は、物部守屋滅亡のあとに崇峻天皇が王位に就いたとき（五八八年）から、乙巳《いっし》の変によって蘇我蝦夷《えみし》、入鹿《いるか》父子が討たれる（六四五年）までの、五十数年間にすぎなかった。次項では、蘇我氏全盛期の東漢氏の動きを見ていこう。

中大兄皇子による入鹿暗殺と蘇我氏の没落

◉蘇我氏のもとで仏教興隆策を担った東漢氏

崇峻天皇が即位したあと、蘇我馬子と聖徳太子を指導者とする仏教興隆策が始まる。馬子と太子は、日本の仏教の中心地とするために法興寺《ほうこうじ》という百済風の壮大な寺院を建設する計画を進めた。これは、現在の奈良市にある元興寺《がんごうじ》の前身である。

法興寺の記録には次のように記されている。

「崇峻天皇の元年に法興寺の建設が始まったときに、山東漢大費直《やまとのあやのおおあたい》麻高垢鬼《またこき》と意等加斬《おとかし》が寺院の建設の指揮にあたった」

東漢氏のもつ建築技術や、東漢氏の渡来系の職人を統率する能力は、蘇我氏に高く評価されていたことがわかる。

　前に記したように、東漢氏が授けられた直のカバネは、蘇我氏などが称した臣《おみ》や大伴氏などが用いていた連《むらじ》のカバネより格下の、主に地方豪族が用いるカバネであった。しかし東漢氏は、蘇我氏政権のもとでは、直のカバネをもつ豪族のなかで最も貴い家を表す大直《おおあたい》（大費直）のカバネを許されていたのである。

　このあと、崇峻天皇が暗殺される事件（五九二年）が起こった。『日本書紀』は、蘇我馬子が東漢直駒《やまとのあやのあたいこま》に命じて大王を討たせたあと、馬子が駒を殺したと記している。

　しかしその記事は、蘇我氏を悪者にするために書かれた可能性もある。崇峻天皇暗殺事件の真相はつかみ難いが、崇峻天皇と東漢氏との間に何らかの衝突が起きたのではあるまいか。

元興寺極楽坊と禅室

元興寺の前身は、日本最古の本格的な寺院である法興寺。極楽坊と禅室の屋根瓦の一部は、法興寺が創建された当時の古式瓦を伝える。

崇峻天皇のあと、蘇我馬子や聖徳太子に近い立場の推古天皇が女帝として王位に就いた。これをきっかけに、先進文化の受容が積極的に進められていく。

◉入鹿暗殺で、東漢氏はどう動いたか

①推古天皇の時代に聖徳太子によって中国の隋《ずい》朝との国交がひらかれた（六〇七年）が、倭《やまとの》（東）漢直福因《あやのあたいふくいん》が最初の遣隋留学生になっている（六〇八年）。

②聖徳太子が亡くなったとき（六二二年）に太子の后の橘大郎女《たちばなのおおいらつめ》が太子をしのんで「天寿国繡帳《てんじゆこくしゆうちよう》」をつくらせた。その銘に出てくる繡帳の絵を描いた三人の人物のなかに、東漢末賢《まけん》がいる。

③推古天皇が堅塩媛《きたしひめ》（蘇我稲目《いなめ》の娘で馬子の姉）の墓のまわりに土を盛り、豪族ごとに土の山に柱を一本ずつ立てさせたことがあった（六二〇年）。このとき、倭《やまとの》（東）漢坂上直《あやのさかのうえの》（名前は不明）が立てた柱が群を抜いて高かったという。

このように、東漢氏は推古天皇の時代にも、幅広い活躍を見せている。東漢直駒が崇峻天皇暗殺事件を起こしたことが、その勢力の後退にはつながらなかったのだ。

ところが、蘇我氏の本家の没落とともに、ヤマト政権における東漢氏の地位は急に低下した。『日本書紀』は、蘇我氏の本家滅亡の直前のことを、次のように記している。

①推古天皇が亡くなる（六二八年）と蘇我蝦夷《えみし》は、聖徳太子の子供にあたる山背大兄王《やましろのおおえのみこ》を強引に退けて、舒明《じょめい》天皇を立てた（六二九年）。

②舒明天皇が亡くなると蘇我蝦夷と入鹿《いるか》の父子は、舒明天皇の大后の財皇女《たからの》を大王に立てて皇極《こうぎょく》天皇とし（六四二年）、入鹿がヤマト政権で絶対的な権力を握った。

③蘇我入鹿は、人望のある山背大兄王を攻め滅ぼした（六四三年）。

④蘇我蝦夷、入鹿の父子は、甘檮丘《あまかしのおか》に王宮のように立派な邸宅をつくり、そこを東漢直らに警備させた（六四四年）。

このあたりは、藤原不比等《ふひと》の意向を受けて、蘇我氏の本家を悪者にするために意図的に誇張された記述が多く、かなり不確かな内容になる。不比等は、蘇我氏の本家を滅ぼした中臣《なかとみの》（藤原）鎌足《かまたり》の子（養子）にあたるからだ。

このあと中大兄《なかのおおえ》皇子が、中臣鎌足と共に蘇我入鹿を王宮におびき出して暗殺した（六四五年、乙巳の変）。このとき東漢直は、一族を甘檮丘《あまかしのおか》に集めて武器を取り、蘇我蝦夷を指揮官として中大兄皇子と一戦交えようとしたという。しかし蝦夷は、ほとんどの王族と豪族が法興寺を征圧した中大兄皇子についたと聞いて、蘇我氏の邸宅に火をかけて自殺した。東漢氏はこの事件によって、政界から退けられることになった。次項ではその後の東漢氏の動きを見ていこう。

壬申の乱で大海人皇子に従い、ヤマト政権に返り咲いた東漢氏

◉中大兄皇子政権下の東漢氏

みずからの手で蘇我入鹿を討ったことによって、中大兄《なかのおおえ》皇子は血を流したことによる穢《けが》れを背負うことになった。古代の日本人は、犯罪や死や祭祀《さいし》、農耕を妨《さまた》げる行為をした者を、日本特有の精神的な罪を負った人間として扱った。

穢れた者は、一定期間の祓《はらい》を行なって穢れを清めなければならず、祓いの間は、みんなが集まる祭祀の場に出ることができない。穢れた体となった中大兄皇子は、自分がヤマト政権の祭祀にあたる王位に就けないため、母の弟にあたる孝徳《こうとく》天皇を飾りものの大王にし

天智・天武天皇関係図

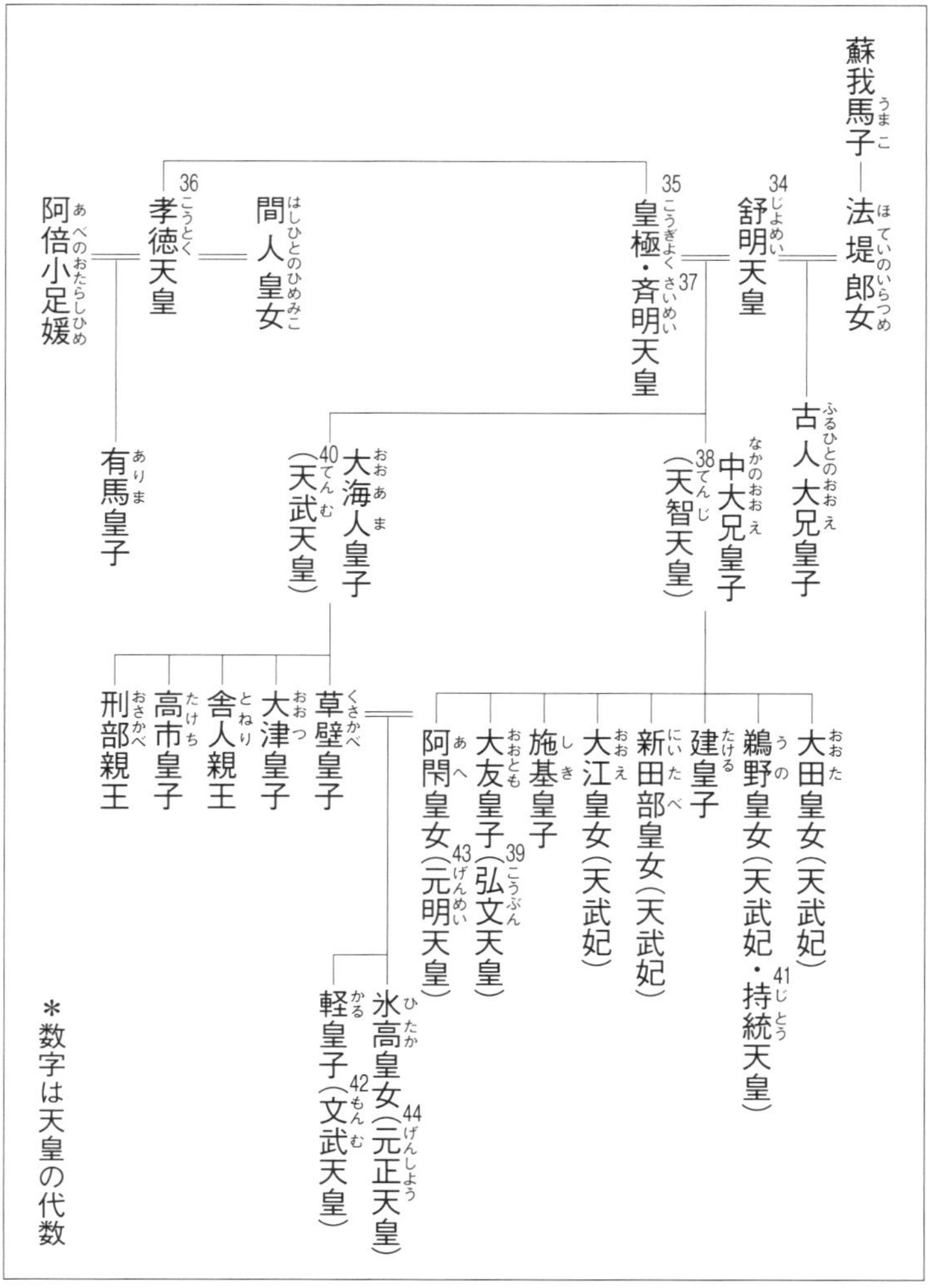

蘇我馬子《うまこ》
法提郎女《ほていのいらつめ》
34
舒明《じょめい》天皇
35
皇極《こうぎょく》・37 斉明《さいめい》天皇
36
孝徳《こうとく》天皇
間人皇女《はしひとのひめみこ》
阿倍小足媛《あべのおたらしひめ》
古人大兄《ふるひとのおおえ》皇子
38
中大兄《なかのおおえ》皇子
（天智《てんじ》天皇）
40
大海人《おおあま》皇子
（天武《てんむ》天皇）
有馬《ありま》皇子
大田《おおた》皇女（天武妃）
鸕野《うの》皇女（天武妃・41 持統《じとう》天皇）
建《たける》皇子
新田部《にいたべ》皇女（天武妃）
大江《おおえ》皇女（天武妃）
施基《しき》皇子
大友《おおとも》皇子（39 弘文《こうぶん》天皇）
阿閇《あへ》皇女（43 元明《げんめい》天皇）
草壁《くさかべ》皇子
大津《おおつ》皇子
舎人《とねり》親王
高市《たけち》皇子
刑部《おさかべ》親王
氷高《ひたか》皇女（44 元正《げんしょう》天皇）
軽《かる》皇子（42 文武《もんむ》天皇）
＊数字は天皇の代数

た。

したがって、孝徳天皇が大王であっても、ヤマト政権の主導権は中大兄皇子の手にあったことになる。かれは、さっそく渡来系の高向《たかむこの》史《ふひと》玄理《くろまろ》と僧旻《みん》を起用して、新たな中央官制の整備に取りかかった。

自立した氏《うじ》を組織する今来漢人《いまきのあやひと》の多くは、この時代に東漢氏の支配を離れ、進んで新たな官僚制に組み込まれたと考えてよい。しかし、東漢氏の本体である、飛鳥南部の東漢一族の結束は固かった。そのため東漢氏は、蘇我氏の本家の滅亡後も一定の勢力を保つ。

大化《たいか》元年（六四五）九月に、蘇我入鹿と親しかった古人大兄《ふるひとのおおえ》皇子が蘇我田口臣川堀《たぐちのおみかわほり》、物部朴井連椎子《えのいのむらじしいのみ》、吉備笠臣垂《きびのかさのおみしたる》、倭（東）漢文直《やまとのあやのふみのあたい》麻呂《まろ》、朴市秦造《えちのはたのみやつこ》田来津《たくつ》らと謀反をはかる事件が起こった。古人大兄皇子は中大兄皇子の異母兄で、かれの母は蘇我馬子の娘である（150ページの系図）。

このとき中大兄皇子は、ただちに軍勢を送って古人大兄皇子を攻め滅ぼしたが、蘇我田口臣川堀らの罪は許したらしい。そのために日本古代史の研究者の多くは、この事件を、蘇我氏本家の血を引く王族を根絶やしにすることを狙った中兄大皇子が、川堀らを使って起こした謀略だと考えている。

このとき、東漢文直麻呂《ふみのあたいまろ》が中大兄皇子の意向に従った事実は、この時期に東漢一族が、新たに権力を握った中大兄皇子に接近する策をとったことを物語る。しかし東漢氏が、中大兄皇子の側近として重用されることはなかった。

◉天智天皇の近江遷都に従わず、大海人皇子につく

古人大兄皇子の事件に関わった東漢文直麻呂は、白雉《はくち》五年（六五四）に高向玄理《たかむこのくろまろ》を押使《おうし》とする遣唐使の判官《ほうがん》を務めて唐に渡り、翌年に帰国した。判官とは押使、大使《たいし》、副使《ふくし》の下でさまざまな事務を扱う役目である。

また孝徳天皇についで、斉明《さいめい》天皇（皇極天皇が重祚《ちょうそ》したもの）が立ったあとの斉明五年（六五九）に送られた遣唐使のなかに、東漢長直《ながのあたい》の阿利麻《ありま》と足嶋《たりしま》がいる。

倭（東）漢直県《あがた》は白雉元年（六五〇）に、安芸《あき》国に派遣されて百済船二隻を建造した。百済船とは、一〇〇人余りが乗れる大型船である。この年に漢（東漢）山口直《やまぐちのあたい》大口《おおぐち》が、孝徳天皇の命をうけて木彫りの一〇〇〇体の仏像をつくったともある。

このように東漢氏は、中大兄皇子が主導権を握る時代のヤマト政権でも、外交の知識やさまざまな技術を生かして活躍していた。しかし、ヤマト政権における東漢一族の地位は

低かった。

そんななか、天智《てんじ》二年（六六三）に朝鮮半島で行なわれた白村江《はくそんこう》の合戦で、日本軍が唐、新羅《しらぎ》連合軍に大敗するという事件が起きる。天智天皇は唐軍の侵攻を恐れ、都をより防備に適した大津京に遷《うつ》したのだが、この近江遷都に、東漢一族は猛烈に反発している。

遷都後の天智天皇は、百済から新たに移住した知識人を重用した。それは、

「もはや、東漢一族の古い知識は無用である」

といわんばかりの行為であった。

そのため東漢一族の主だった者は、大津京を去って本拠地である飛鳥南部に戻った。かれらは、天智天皇の弟で大和の豪族に慕われていた大海人《おおあま》皇子が、都を飛鳥に戻すことを期待したのである。

天智天皇は大海人皇子を王位継承者に指名し、皇子に重要な政務を委《ゆだ》ねてきた。ところが、かれは晩年になって、自分の息子にあたる大友皇子《おおとものおうじ》（弘文《こうぶん》天皇）を次の大王にしたいといいだした。

これを知った大海人皇子は身の危険を感じて、大津京を去って大和の吉野に身を潜める。天智天皇に反感をもつ大伴吹負《ふけい》らも、大和に戻っていた。

天智天皇が亡くなって大友皇子が後を嗣《つ》ぐと、大海人皇子は素早く吉野で挙兵して大軍を集め、一挙に大津京を落とした。これが壬申《じんしん》の乱《らん》である。

このとき、東漢一族の書《ふみの》（東文）直知徳《あたいちとこ》、民直大火《たみのおおひ》、大蔵《おおくらの》直広隅《ひろすみ》、坂上直国麻呂《くにまろ》、路直《みちの》益人《ますひと》らは吉野からずっと大海人皇子に従っていた。

大海人皇子方の本隊は、美濃《みの》の不破関《ふわのせき》から大津京に向かったが、大和では大海人皇子に呼応して大伴吹負《ふけい》が挙兵した。このとき吹負は、東漢一族の坂上直熊毛《くまげ》らを従えて、飛鳥の地を征圧している。

壬申の乱に勝利した大海人皇子は、飛鳥浄御原宮《きよみはらのみや》に都を置いて天武《てんむ》天皇として即位した。この天武天皇のもとで、壬申の乱で手柄を立てた東漢一族の活躍が始まる。しかし、次項で述べるように、東漢一族の勢力は、奈良時代にじわじわと低下していくことになった。

東漢氏、ヤマト政権を去って地方の一郡司へ

◉経済力を利用しつつ、渡来系豪族を後退させた天武天皇

『日本書紀』は、天武天皇が天武六年（六六七）に次のような詔《みことのり》を出して、東漢一族の罪

をすべて許したと記している。
「汝等《なんじら》の党族は、もとより七つの不可を犯せり。ここを以つて、小墾田《おわりだ》の御世（推古朝）より近江朝に至るまで、常に汝等を謀《はか》るを以て事となす。いま朕《ちん》の世に当り、汝等の不可の状を責めんとす。以て犯に随ってまさに罪すべし。然れども、ひたぶるに漢直の氏を絶さんことを欲せず。故に大恩を降して以て原《ゆる》す。今より以後、もし犯あらば、必ず赦《ゆる》さざるの例に入れん。」

この「七つの不可」が、何を指すのかは明らかではない。しかし、いずれによせ、天武天皇は近い将来の藤原京の建設を見越して、都の近くの飛鳥南部に一大勢力を築いた東漢一族を味方に引き込もうとしたのであろう。

後に記すように、桓武《かんむ》天皇は山城の長岡京、ついで平安京を建設したとき、その地に根を張る秦氏の協力を求めている。同様に天武天皇も、東漢氏の財政的支援を期待したのだろう。天武天皇は東漢氏一族の罪を許してからまもなく、中国風の都（都城《とじょう》）である藤原京の建設にとりかかっている。

藤原京は東漢一族の勢力圏のすぐ北に位置していた。

天武一〇年（六八一）に天武天皇は、壬申の乱で活躍した東漢一族の書直《ふみのあたい》知徳《ちとこ》に連《むらじ》のカバネを授けた。知徳は、古くから大和政権を担った物部連や大伴連と、同格のカバネを名乗ることになったのである。

翌天武一一年に、東漢氏の一族すべてに連のカバネが与えられた。このとき、東漢一族の男女すべてが大喜びして内裏《だいり》（のちの御所にあたる）におもむき、天武天皇を拝んだといわれる。

ところが、その翌年の天武一二年（六八三）になって、秦造《はたのみやつこ》、西文《かわちのあやの》（文）首《おびと》らのヤマト政権の中級官僚を務める豪族や、倭直《やまとのあたい》、山背直《やましろのあたい》らの地方豪族の主だった者が連とされた。東漢一族だけが特別扱いされたのではなかったのである。

さらに天武一三年（六八四）に、真人《まひと》、朝臣《あそん》、宿禰《すくね》、忌寸《いみき》、道師《みちのし》、臣、連、稲置《いなき》から成る八色姓《やくさのかばね》を設けるという宣言が出された。

このとき、新しい時代に皇室（天武天皇のときから天皇号が用いられた）から分かれた豪族に、真人《まひと》のカバネが下されている。

ついで、臣のカバネをもつ主だった豪族と物部連、中臣《なかとみ》連に朝臣《あそん》のカバネが与えられ、大伴連などの連を名乗る有力な豪族には宿禰のカバネが授けられた。

さらに天武一四年に、東漢一族、秦氏などに忌寸《いみき》のカバネが与えられた。

このような形で、東漢氏は藤原（中臣）氏などの朝臣を称する豪族と、大伴《おおとも》宿禰などの宿禰のカバネの豪族の下位に置かれることになったのである。

その背景には、天武天皇のときから、中央の官制や官僚養成のための大学寮《だいがくりょう》の整備が進められたことが挙げられる。大学寮で中国の最新の学問を身に付けた文人官僚が、渡来系の豪族に代わってヤマト政権を担《にな》う時代が訪れたのである。

◉飛鳥南部の高市郡司を務めた東漢一族

奈良時代に入ったころには、ヤマト政権の官僚として活躍する東漢一族は、文氏、民《たみ》氏、坂上氏ぐらいになってしまった。かれらは、朝臣や宿禰のカバネをもつ有力貴族の下に位置づけられ、その出世はおおむね五位止まりであった。

ただ一つの例外は、藤原仲麻呂《なかまろ》の反乱（七六四年）を平定するのに活躍した坂上苅田麻《かりたま》呂《ろ》と、その子の田村麻呂、それに田村麻呂の子で四位に出世した浄野《きよの》ぐらいである。苅田麻呂は大宿禰のカバネを与えられ、田村麻呂は大納言《だいなごん》に出世した。この坂上氏の子孫だけは、法律を専門とするヤマト政権の中流貴族として長く活躍する。

それ以外の東漢一族は、しだいに中央の役所勤めから離れて、飛鳥南部の高市郡《たけちぐん》の地方豪族として生活するようになった。奈良時代には、東漢一族が交代で高市郡司（郡を治める役所の主要な官僚）に任命されていた。

東漢一族で、平安時代なかば以降に武士となった家もかなりあったと思われる。そのような武士のなかには、何らかのつてによって、源氏や平氏の姓に変えた家もあったと見てよい。

次章では、飛鳥時代に東漢氏と並ぶ勢力を誇った秦《はた》氏を取り上げよう。

第五章

聖徳太子と天智天皇に仕え、東漢氏を超えようとした秦氏

秦氏は、いつ、どこから渡来したか

◉東漢氏の渡来伝説を模倣した?

日本古代の文献のなかに、東漢《やまとのあや》氏と秦《はた》氏を渡来系の二大豪族として扱うものがいくつかある。秦氏が、飛鳥時代の時点で大きな経済力をもっていたことは確かであるが、飛鳥時代の直前までの秦氏の活躍を伝える文献はきわめて少ない。

奈良時代に入っても、中央の官僚として出世した秦氏の人間はほとんどいない。『日本書紀』などの六世紀以前の部分の記事に出てくるのは、秦氏の先祖にあたる弓月君《ゆづきのきみ》と雄略《ゆうりやく》天皇の時代の秦酒公《はたのさけのきみ》、それに欽明《きんめい》天皇に仕えたとされる秦造大津父《はたのみやつこのおおつち》ぐらいなのである。

七世紀初めからなかばごろになっても、秦造河勝《かわかつ》、椋部《くらべの》秦久麻《くま》、朴市秦造多久津《えちはたのみやつこたくつ》が知られるだけである。

『日本書紀』に、応神《おうじん》天皇のときに百済から弓月君が来て、そのあと加耶《かや》にいた一二〇県の人間が渡って来たという記事がある。弓月君が、

「新羅が邪魔をするので、加耶にいる人びとが海を渡れない」

というので、大王は、的戸田宿禰《いくはのとだのすくね》を送って加耶にいた人びとを連れて来させたという。しかし関晃氏は、その話は、前に挙げた東漢氏の渡来伝説に対抗するために、東漢氏のものを真似てつくられたという。確かにこの渡航時のエピソードは、東漢氏の渡来伝説にきわめて似ている。

しかも秦氏は、弓月君が東漢氏の祖先の阿知使主《あちのおみ》、都加使主《つかのおみ》より前に来たといい、秦氏が東漢氏より、はるかに多くの人間を連れて来たとしている。

これは、秦氏の渡来伝説が自家を東漢氏の上におくために、新たに創作されたものであることを示すと関晃氏はいう。妥当な考証である。

一県の人数を約一〇〇〇人として計算すれば、一二〇県で約一二万人となる。そのような大人数を乗せる船団をつくれたとは考えられない。前に推測したように、秦氏の渡来は、五〇人もしくは一〇〇人程度の人数でなされたのであろう。

◉秦氏の伝説上の先祖たち

平安時代初めの『新撰姓氏録《しんせんしょうじろく》』は、弓月君を融通王《ゆうずうおう》と表記し、融通王を秦《しん》の始皇帝《しこうてい》の子孫としている。この伝承も、東漢氏が「自分たちの先祖は前漢の高祖である」と称したあとに、東漢氏に対抗するために創作されたと考えられる。

始皇帝は、中国の戦国時代の混乱をおさめて中国を統一した（紀元前二二一年）英雄で、高祖は始皇帝没後の混乱のなかで再び中国を統一し、前漢《ぜんかん》朝をひらいた（紀元前二〇二年）君主である。

弓月君の渡来の記事のあとで出てくるのが、前にも紹介した『日本書紀』の雄略《ゆうりやく》天皇のときの記事である。そこには、

「分散して豪族たちに使役されている秦の民を集めて、秦酒公《さけのきみ》に賜《たま》わった」

とある。戦前の時点で津田左右吉《そうきち》氏が、弓月君の渡来に疑問を呈したうえで（『日本上代史の研究』岩波書店刊）、このころに、秦氏が管理した機織《はたお》りに従事するトモが置かれたのではないかという意見を出している。

秦の民がそれ以前に分散していたという部分は、秦氏が後になってから創作したものであろう。それゆえ私は、秦氏は東漢氏と同じ時期、つまり雄略天皇の時代にあたる五世紀末に日本に移住してきて、ヤマト政権に仕えるようになったと考えたい。

秦氏配下の一二〇県の人びとは、加耶《かや》から海を渡って来たと伝えられている。この話は、秦氏が加耶から日本に移住してきたことをふまえてつくられた可能性がある。そうすると

秦氏は、加耶のなかで日本と最も親しかった、金官加耶国《きんかんかやこく》から来たのではあるまいか。これは一つの可能性を挙げたもので、確実な推理ではない。

しかし、秦氏が東漢氏のように安羅《あら》国から来たならば、かれらは中央で有力な東漢氏にあやかって山背《やましろ》（山城）漢などと称して、造《みやつこ》より上位にあたる直《あたい》のカバネをもらっていたであろう。

『日本書紀』には、欽明《きんめい》天皇が「秦大津父《はたのおおつち》を寵愛《ちようあい》すれば将来、大王になれる」とする夢を見て、大津父を重用したという記事がある。欽明天皇は大津父を大蔵を管理する役人にして、そのあとかれに七〇五三戸の秦人《はたひと》（秦氏に従う農民）を支配させたという。

しかし、この記事にも伝説的な部分が多い。秦人一戸を約一〇人と計算しても、秦大津父が七万人余りの秦人を委《ゆだ》ねていたということになる。この七万人という人数は、あまりにも多い。

秦氏が、欽明天皇の時代に急成長した蘇我氏の下で、大蔵の管理に当たったことは事実である。しかし、秦大津父が欽明天皇の近臣になったわけではあるまい。大津父に関する記事も、秦氏によって後世に創作されたものであろう。

つまり、次々項で扱う秦河勝《はたのかわかつ》が登場する以前の秦氏の動きはよくわからない。しかし秦氏が、河勝の時点で山城、近江《おうみ》、摂津《せっつ》などを治める地方豪族として大勢力をつくり上げていたことは事実である。

「山城・近江」という後進地に勢力を誇った秦氏

◉各地の中小豪族を組織した秦氏

「はた（機）」という言葉は、布を織る器具を表す古代日本語（やまと言葉）である。そのため、「秦《はた》」という豪族名は、機織《はたお》りにちなむものであったと素直に考えておくのが無難であろう。

葛城《かつらぎ》氏から分かれた大和の有力豪族のなかに、波多《はた》氏がある。この豪族は、自家の領地の地名を姓《せい》にしていた。それゆえ渡来系の秦氏は、葛城系の波多氏に遠慮して、「波多」や「羽田」などの表記を避けたのではあるまいか。

秦氏の指導者たちは、養蚕《ようさん》や絹布を織る技術に長じていた。それとともに、中国から伝わった農地開発に関する知識や、漢文や算術にも通じていた。

古代の文献から、有力な秦氏の同族が京都盆地とその周辺や、近江国の朴市《えち》（愛智《えち》郡、彦根市のあたり）、摂津の豊島郡《としま》にいたことがわかる。さらに『新撰姓氏録《しんせんしょうじろく》』には、大和《やまと》、河内《かわち》、和泉《いずみ》の三国に居住する秦氏が見える。

東漢氏の同族と称した豪族は文氏《ふみ》、坂上氏《さかのうえ》などの職業や地名にもとづくさまざまな名称の氏《うじ》に分かれていた。これに対して、秦氏の同族と名乗る豪族は、すべて「秦」の名称を用いていた。

秦氏は、自分たちが大陸のすぐれた機織り技術を伝えたことに強い誇りをもっていたのであろう。しかし、絹織物づくりの技術は器用な職人芸が必要なものでもない。だから織物の技術は、簡単に広まる。江戸時代には農家の女性の多くが、機織りの副業を営んでいたほどだ。

絹織物づくりが各地に広まり、秦氏の独占物でなくなったために、秦氏はかえって「はた」の名称に強い愛着をもつようになったのではあるまいか。かれらは「われらが、日本に機織りを教えたのだ」と主張したかったのだ。

秦氏は移住してきたときに、ヤマト政権から京都盆地に居住地を与えられたのであろう。その後秦氏は周辺の中小豪族に先進技術を教え、かれらを同族団に組み込んでいったと考えられる。

すると、それまで、自分たちが祀《まつ》る土地の守り神を祖先であるといっていた豪族が、

「私たちは秦氏の分家の分家だ」

と称するようになっていったのである。

『新撰姓氏録』に、

「秦氏は数腹《すうふく》の支族に分かれたが、そのなかの川辺腹、田口腹が山城に居住した」

という内容のことが記されている。秦氏の本家から分かれた支族（腹）が、近江、摂津、大和、河内、和泉に移住して朴市秦氏《えちはたし》などとなり、周囲の中小豪族を同族団に組織していったのであろう。

このようにして秦氏は、東漢氏と同じように際限なく拡大し、広大な農地を開発して強い経済力をつけた。

◉太秦に残る秦氏由来の寺社とは

秦氏は有力豪族の勢力圏を避けて、主に近畿地方中心部（畿内）の後進地に広まっていったと考えられる。それと共に、畿内以外にも秦氏の広がりが見られた。

これは先進技術を求める地方の中小豪族が、進んで秦氏の同族団に加わり、秦氏のもつ

秦氏の広まり

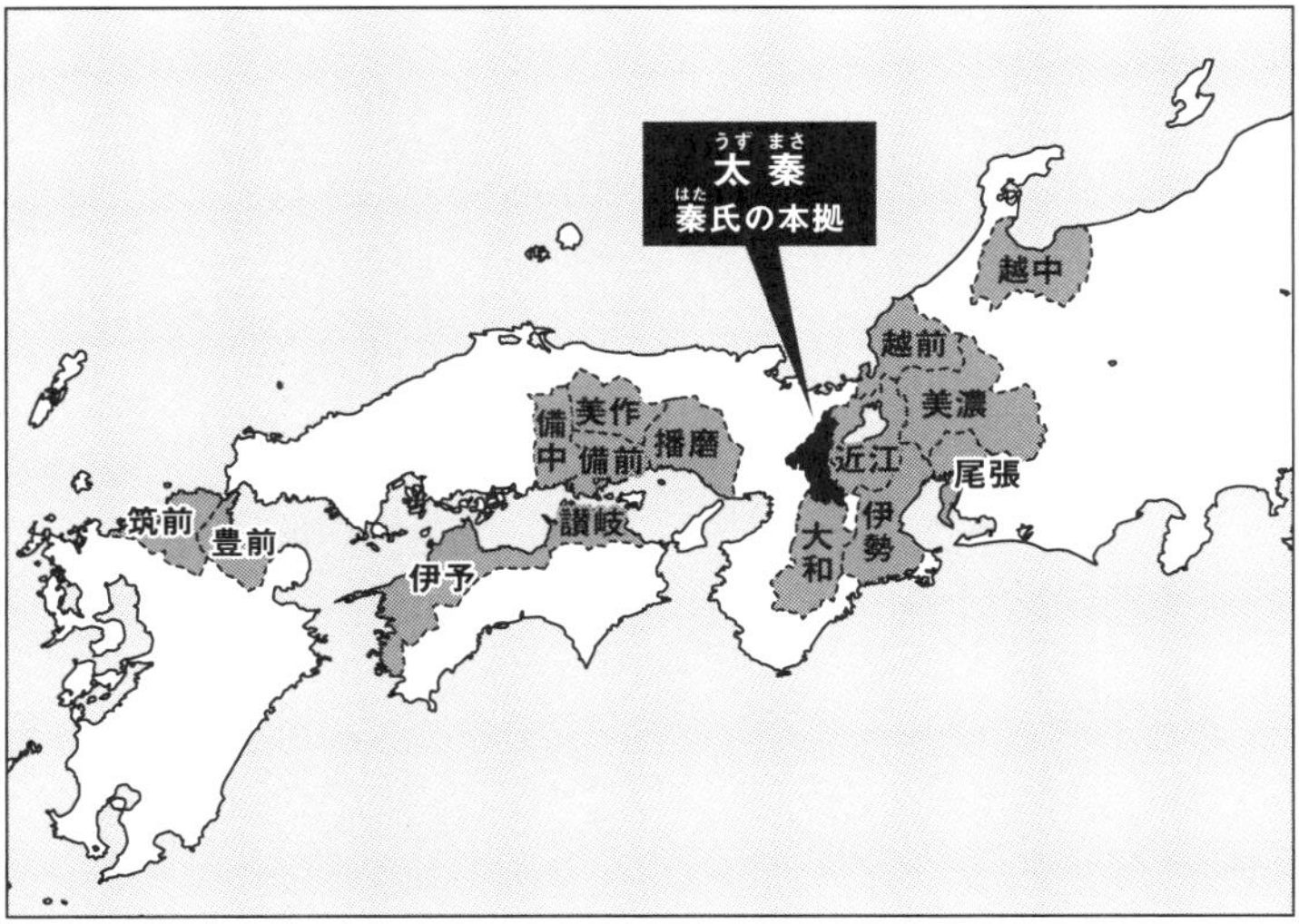

技術を教わったからである。さらにかれらは、秦氏を介してヤマト政権のさまざまな先進文化を得たと考えてよい。

秦氏の本家と地方の秦一族との間に、のちの中央の荘園領主と地方の武士との関係に似たつながりがつくられたのである。平安時代末ごろの地方の小領主である武士は、皇族、有力貴族、大社寺などを自分の土地の名目的領主にして年貢《ねんぐ》（貢納物）を納めた。そしてその見返りに、荘園領主から中央の文化を教わるなどの便宜を得ていた。

秦氏の本家の本拠地は、現在の京都市の太秦《うずまさ》と呼ばれる地域である。古代の秦氏の本家は、自分の家だけの通称として、

「うずまさ」を用いていた。「うずまさ」は、「貴《とうと》く（古代語で「うず」という）、（他者に）勝《まさ》る者」という意味の言葉である。

太秦の中心に位置する広隆寺《こうりゅうじ》は次々項で取り上げよう。その地にはこの他に、平安時代に朝廷に重んじられた京都西山の麓《ふもと》の松尾《まつお》大社がある。そこは、秦氏の氏神であった。奈良時代のものと見られる『秦氏本系帳《はたしほんけいちょう》』（『本朝月令《ほんちょうげつれい》』という儀式書に引用されたもの）という秦氏の系譜に、次の記述がある。

「松尾大社の神は、もとは日尾《ひのお》で祀られていたが、秦氏の川辺腹の秦忌寸都理《はたのいみきとり》が祭祀の場を松尾に遷《うつ》して、壮大な社殿を営んだ」

広隆寺の東方に、蚕《かいこ》の社《やしろ》（木嶋坐天照御魂神社《きのしまにますあまてるみたま》）がある。そこは、養蚕、機織りの神として信仰を集めている。そこの祭神は、本来は秦氏以前からある農耕神としての太陽の神であったと見られるが、秦氏が勢力を拡大するなかで、秦氏の祀る蚕の神に変わっていったのであろう。

この他に、太秦には興味深い寺院跡がいくつかある。また京都の伏見稲荷《ふしみいなり》大社は秦氏の氏神として知られており、秦氏は京都の賀茂《かも》神社とも関わっていた。こういったものは、項を改めて説明していこう。

次に、広隆寺をひらいた秦河勝《かわかつ》の活躍を見ることにしよう。

秦氏、聖徳太子に接近する

◉欽明天皇に仕え、農地開発で力を蓄える

秦氏は当初、中央での政争に関わらずに、地方豪族として成長する道をとっていた。したがって、前にあげた秦大津父《はたのおおつち》が欽明《きんめい》天皇に重用されたという話には、疑わしい点も多い。しかし、欽明天皇の時代に急成長した蘇我氏が、大きな経済力をもつ秦氏の当主を、大蔵に仕える自家の配下の役人として招いた可能性は高い。これをきっかけに、秦氏は中央の政治に関与するようになっていったのだろう。

『秦氏本系帳《はたしほんけいちょう》』に、秦氏が葛野大堰《かどののおおいぜき》を築いたという記事がある。堰は川の水をせき止めて、水田に水を引く、ダムのような灌漑《かんがい》のための設備のことだ。

この大堰は、京都の嵐山《あらしやま》のあたりにあったと考えられている。大堰があったことによって、桂川のそのあたりの部分は大井川（大堰川《おおいがわ》）と呼ばれるようになったという。

古代史の研究者の多くは、大堰が築かれた時期は六世紀後半ごろだと考えている。秦氏

は欽明天皇の時代にヤマト政権の大蔵の中級の役人を務めるようになったあと、葛野大堰を築いて広大な農地開発を行ない、急速に勢力を強めていったのであろう。

◉聖徳太子の参謀になった秦氏の指導者・河勝

このあと、秦氏の氏上《うじのかみ》（一族の指導者）として秦河勝《かわかつ》が登場する。かれは秦氏のなかで、最初に実在が確認できる人物である。

山城と近江に住む、秦の姓を名乗る多くの中流豪族を組織した秦氏は、東漢一族に匹敵する兵力をもっていた。河勝が登場する最初の記事は、蘇我馬子《そがのうまこ》と物部守屋《もののべのもりや》との衣摺《きずり》（大阪府八尾市《やおし》）の合戦（五八七年）に関するものである。

『聖徳太子伝補闕記《しょうとくたいしでんほけつき》』に、次のように記されている。

「秦河勝は、聖徳太子の軍政人として物部守屋を攻撃する軍勢に加わり、聖徳太子の矢を受けて倒れた守屋の首を斬った」

『聖徳太子伝補闕記』は、平安時代初めに、『日本書紀』に漏《も》れた信頼できる文献を集めて書かれた聖徳太子の伝記である。この文献の性格から見て、河勝が太子の軍勢に従軍していたことは事実と見てよい。

河勝は「軍政人」であったというが、軍政人とは、指揮官の太子に次ぐ参謀にあたる地位を表すのであろう。太子の軍勢の主力が、河勝の私兵から成っていた可能性も高い。

このとき、東漢一族も蘇我馬子に従っていたと見られるが、ヤマト政権の記録をもとにした『日本書紀』には、ヤマト政権において身分が低い東漢氏や秦氏の名前は記されなかった。

秦河勝は、こう考えたのであろう。

「蘇我馬子に接近しても東漢氏の下に置かれて終わるだけだから、馬子でなく聖徳太子に仕えよう」

次項では、聖徳太子による仏教興隆と秦氏の関わりを見ていこう。

外交に、仏教興隆にと活躍を見せた秦河勝

◉聖徳太子にならい、広隆寺を創建

聖徳太子の時代に、秦河勝はヤマト政権の外交の場で活躍したり、広隆寺の建設などを通じて仏教興隆に尽くしたりした。

広隆寺とその周辺

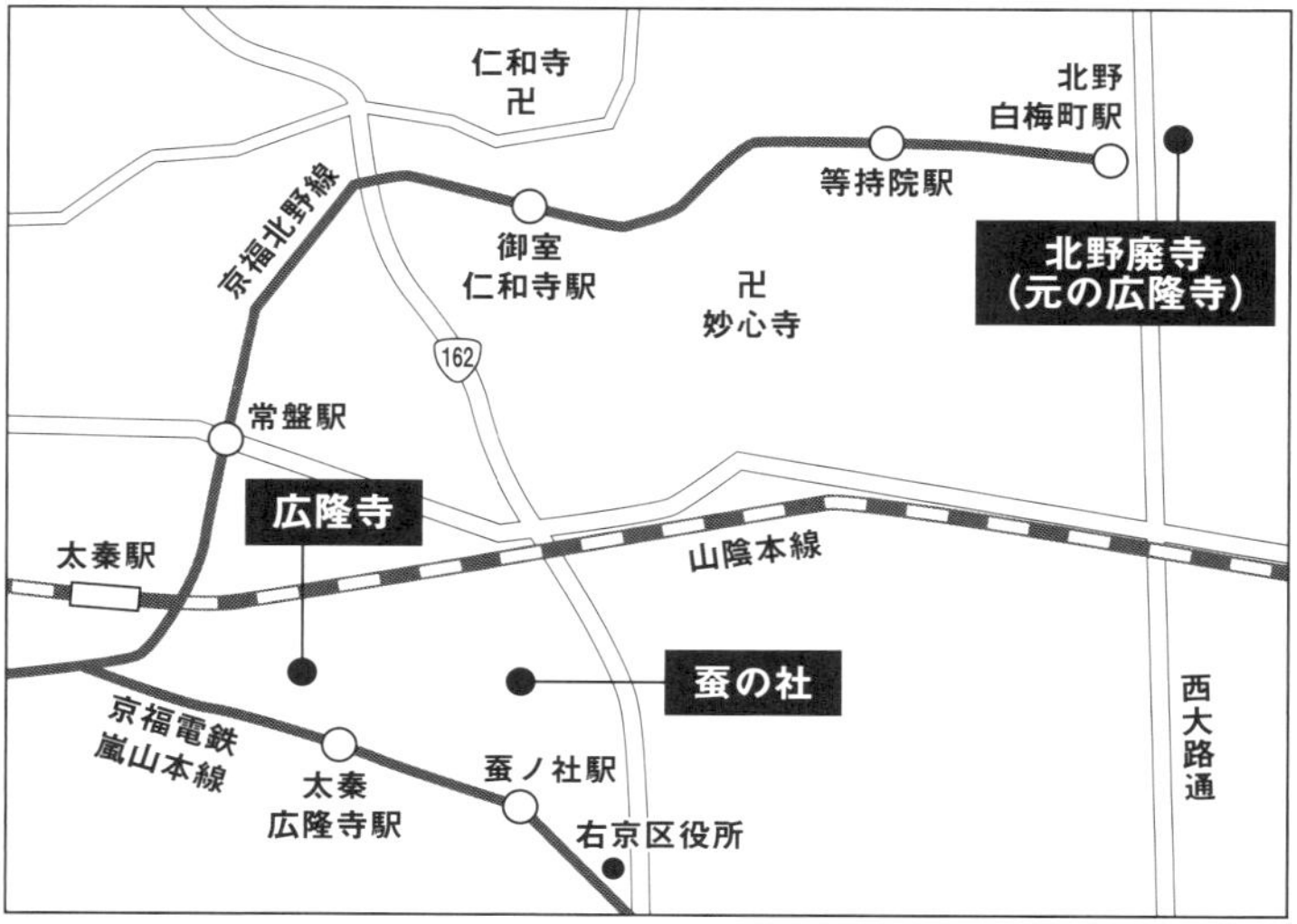

推古《すいこ》一八年（六一〇）に入京した新羅《しらぎ》、任那《みまな》（金官加耶）の使者を歓迎する行事が行なわれた。このときに、秦造《みやつこ》河勝は土師《はじの》（土部連）菟《うさぎ》と共に、新羅の使者の導者（案内人）となり、使者を推古《すいこ》天皇が営む小墾田宮《おはりだのみや》の中庭に導いた。聖徳太子の意向で、大陸の事情に通じた河勝が重要な儀式の場に抜擢《ばってき》されたのであろう。ちなみに、河勝と共に案内人を務めた菟が属した土師氏も、遣唐使などを出した外交通の豪族であった。

なお、推古一八年の新羅、任那の使者は、どちらも新羅から来たものである。この時代の新羅は、新羅の分の捧げ物を送る使者と、加耶諸国のなかの新羅が併合した部分からの捧げ物を送る使者を差し出して、日本に朝貢《ちょうこう》していたのだ。

『日本書紀』は、秦河勝が推古一一年（六〇三）に、聖徳太子から仏像を授かって広隆寺《こうりゅうじ》を建立したと記している。これに対して、平安時代初め（八三六年）に書かれた『広隆寺縁起《えんぎ》』には次のようにある。

「河勝は推古一一年に太子から仏像を授かり、太子没後の推古三〇年（六二二）に広隆寺を建てた」

こちらのほうが、より正確な伝承を記したものだと思われる。これらの記事に出てくる仏像が、現在の広隆寺の本尊である弥勒菩薩像《みろくぼさつぞう》（半跏思惟像《はんかしゆいぞう》）だといわれる。それは美しい顔立ちの木像で、飛鳥美術を代表するものの一つとされている。

現在の広隆寺は京都市左京区太秦にあるが、かつては、京都の北野神社の西側の北野白《きたのはく》梅《ばい》町にあった（北野廃寺跡）とされる。この廃寺の発掘のときに、墨で「鵤室」と書かれた土器の破片が出土した。

◉本拠の山城に、斑鳩を再現しようとした？

このことは何を示すのか。井上満郎氏（『古代の日本と渡来人』明石書店刊）は、土器に書かれた「鵤《いかるが》（斑鳩《いかるが》）」は聖徳太子が本拠の斑鳩宮と法隆寺（斑鳩宮）をおいた、斑鳩と同じ地名を表すと考えた。

「室」は、「斑鳩」に属する建物を表す。たぶん、その土器は斑鳩の寺院で何らかの儀式に使われたものであったろう。

こういった点を根拠に、井上満郎氏は、秦河勝が自分の勢力圏である葛野《かどの》（京都市）にある北野廃寺のあたりの原野を開発して、そこを「鵤（斑鳩）」と名付け、広隆寺の前身となる寺院をおいたと考えた。

秦河勝は自分の本拠の山城に、聖徳太子が仏教の学問を広める地として開発した斑鳩のようなところをつくろうとしたのであろう。

広隆寺は、北野廃寺の南西に約二・五キロメートル行ったところにある。『広隆寺縁起』には、

「広隆寺のもとの寺域が狭かったので、広隆寺は、河原里《かわはらのさと》、荒見社里《あらみしやのさと》から荒蒔里《あらまきのさと》に移された」

と記されている。これは広隆寺が、古い時代に、北野白梅町から現在の太秦の広隆寺の寺地へ移ったことに対応するものである。

この他に推古天皇の時代に、秦長倉《はたのながくらの》多弁部《たむべ》が、徳願寺《とくがんじ》という尼寺を建立したことが『広隆寺来由記《らいゆき》』に出てくる。

この書物は戦国時代（一四九九年）に成立したものであるが、「多弁部」という名前が大和ことばの素朴な響きであることから、多弁部は七世紀初めに実在した人物であると見ても、さしつかえあるまい。

徳願寺は平安時代に安養寺《あんようじ》と寺名を変えたのちに、江戸時代まで続いた。安養寺があったところに、京都市右京区安養寺村の地名がある。

この寺院は、北野廃寺の比較的近くに位置する。そこは、法隆寺と尼寺である中宮寺《ちゆうぐうじ》や、国分寺《こくぶんじ》と国分尼寺《こくぶんにじ》のような形で、広隆寺と対になる尼寺であったのであろう。同じ『広隆寺来由記』に、秦河勝の弟の和賀《わが》が孝徳天皇のために隆城寺《りゆうじようじ》を建立したことも見える。

この隆城寺は、伏見稲荷大社の比較的近くにある。古代の葛野《かどの》郡に本拠をおく秦氏の支流が、紀伊《きい》郡（現在の伏見）にいたことから、隆城寺は、この紀伊郡の秦氏の拠《よ》りどころとしてつくられたのであろう。

次項では、蘇我氏本家の滅亡後の秦氏を見ていこう。

秦氏、東漢氏に取って代わろうとする

◉山背大兄王に期待し、蘇我氏と距離をおく

前述したように秦河勝は、聖徳太子の引き立てによってあれこれ活躍した。しかし、河勝の時代には、ヤマト政権で絶大の勢力を誇る蘇我馬子に重用された東漢氏一族が、秦氏よりはるかに優位にあった。

聖徳太子が亡くなった（六二二年）あとも、秦河勝がそれまでの方針を変えて、蘇我馬子に接近することはなかった。蘇我氏は、東漢氏を秦氏よりはるかに上に見ていたし、河勝は河勝で、聖徳太子の子の山背大兄王《やましろのおおえのみこ》の将来に期待していたからではあるまいか。山背大兄王は熱心な仏教徒で、中国文化に通じた優れた人物であった。

推古天皇が亡くなったとき（六二八年）に、この山背大兄王を次の大王に推《お》す声もあった。しかし、有力豪族の多くが敏達《びだつ》天皇の孫の田村皇子《たむらの》を支持したため、田村皇子が舒明《じょめい》天皇となった。

そして舒明天皇の次に、舒明天皇の大后（嫡妻）が女帝として立った。皇極《こうぎょく》天皇であ

る。それからまもなく、皇極天皇に近い王族たちや蘇我氏その他の有力豪族が、山背大兄王を攻め滅ぼす事件が起きる。

このとき、山背大兄王の近臣の三輪文屋《みわのふんや》は、主君に次のように進言したと『日本書紀』にある。

「深草屯倉《ふかくさのみやけ》に出て、そこから東国に行って軍勢を集めて戻って来たら必ず勝てます」

深草屯倉は、秦氏の勢力圏であった山城国の紀伊郡にある。三輪文屋は、秦氏の支援が必ず得られると信じて、このようにいったのではあるまいか。しかし山背大兄王は、

「戦いで民衆を苦しめてはならない」

といって妻子と共に自害した。

山背大兄王が亡くなったあと、ヤマト政権の有力豪族の気持ちは、蘇我蝦夷《えみし》、入鹿《いるか》父子から急速に離れていった。この動きを見た中大兄皇子は、素早く計画を進めて蘇我蝦夷、入鹿父子を倒す。

舒明天皇と皇極天皇の間の嫡子である中大兄皇子は、山背大兄王と対立する家系の人間であった（143ページの系図）。

そのため、山背大兄王に近い立場にあった秦氏が、中大兄皇子の蘇我氏打倒の策略に加

わったとは考えられない。

◉蘇我氏滅亡をきっかけに、中大兄皇子に接近

秦氏は、蘇我氏本家の滅亡を、自家の勢力拡大の好機ととらえたと考えられる。「蘇我氏に従ってヤマト政権全体を敵にまわした東漢氏が後退すれば、秦氏がヤマト政権で最も重要な渡来系豪族になれる」

というのである。秦一族のなかで近江国愛智郡《えちぐん》（彦根市《ひこね》のあたり）に本拠をおく朴市秦造《えちはたのみやつこ》田来津《たくつ》は、いちはやく中大兄皇子に接近した。

かれは中大兄皇子の意向に従って、古人大兄皇子《ふるひとのおおえ》を陥れる謀略に加わった。その事件では東漢文直麻呂《やまとのあやのふみのあたいまろ》も、中大兄皇子の側で働いている。

詳しい記録は失われているが、秦氏は、中大兄皇子が主導権を握っていた孝徳天皇から斉明天皇の治世に、ヤマト政権で勢力を大きく拡大したのであろう。東漢氏と秦氏を渡来系の二大豪族とする王家（皇家）の認識は、この時代につくられたのではあるまいか。

朴市秦造田来津は、このあと百済救援軍の記事に登場する。かれらは斉明七年（六六一）に、日本の人質となっていた余豊璋《よほうしょう》を守る軍勢の指揮官の一人として朝鮮半島に渡った。

百済はこの前年（六六〇年）に唐、新羅の連合軍に滅ぼされていた。日本寄りの百済の遺臣・鬼室福信《きしつふくしん》たちの求めを受けた中大兄皇子は、このとき、百済を復興して豊璋を新たな百済王に立てようと考えていた。

この二年後に、日本軍と唐、新羅連合軍との決戦になった白村江《はくそんこう》の合戦が行なわれた。日本は大敗したが、『日本書紀』は、

「朴市秦造田来津が勇敢に戦って数十人の敵を倒したあと、立派に戦死した」

と記して田来津を称えている。かれは中大兄皇子に引き立てられた恩に報いるために、必死に働いたのではあるまいか。

秦氏は中大兄皇子が天智天皇となったのちにも、発展を続けたと見てよい。しかし次項に記すように、秦氏は壬申の乱後、ヤマト政権の表舞台から姿を消すことになる。

壬申の乱後、秦氏はなぜ中央政界から姿を消したか

◉天智天皇に評価されるも、存在感を弱めたわけ

朴市秦造田来津の活躍を最後に、秦氏は中央の政界から姿を消していく。天智天皇は秦

氏の経済力を評価し、秦氏の支援で大和の飛鳥から秦氏の影響の強い近江南部に移して、大津宮を営んだと考えてよい。

百済が滅亡したときに、かなりの数の百済の貴族が日本に亡命してきたが、その大部分は、秦氏の支援のもとに近江に居住したと考えられる。しかし、白村江の合戦後の秦氏は、あえて天智天皇を陰から支える立場をとった。

「ヤマト政権の政争に関わって無駄に命を落とすより、さまざまな産業の育成を通じて豊かな生活を送るほうが得だ」

秦氏の主だった者が、そのように考えたのだろう。

ヤマト政権が真っ二つに分かれて争った壬申《じんしん》の乱（六七二年）のとき、秦友足《ともたり》は大友皇子に従い、秦熊《くま》と秦綱手《つなて》は大海人皇子についた。しかし、かれらの活躍は、東漢氏の人びとに遠く及ばない地味なものであった。

この時点で秦氏は、東漢氏とヤマト政権の政界で張り合うのをやめていたのであろう。天武天皇の時代に、秦氏は連のカバネを授かり、さらにそのあと忌寸《いみき》のカバネを与えられた。

◉地方豪族として成長し、富を蓄える

奈良時代のヤマト政権で、秦氏の嫡流が高位に上ることはなかった。ヤマト政権の公式の歴史書である『続日本紀《しょくにほんぎ》』は、秦下嶋麻呂《しもしままろ》という者が、天平一四年（七四二）に私財を投じて恭仁宮《くにのみや》の太宮垣《おおみやがき》をつくったと記している。これは、その前年の山城南部の恭仁宮への遷都にともなう工事の一つであった。

このとき秦下嶋麻呂は、従四位下の位階と太秦公《うずまさのきみ》の姓を授けられたが、この三年後に太秦忌寸の姓を与えられた。太秦下嶋麻呂は、もとはカバネをもたない秦氏一族の傍流の出であったと見られる。

四位は、上流の下程度の貴族の位階であるが、秦氏の一族のなかで奈良時代に四位にまで昇進したのは、かれ一人だけであった。

奈良時代にまとめられた『山城国風土記《やましろのくにふどき》』（『延喜式《えんぎしき》』という法令集の頭注に引用されたもの）に、稲荷社（伊奈利社、現在の伏見稲荷大社）に関する次の記事がある。『風土記』は朝廷がまとめた地誌であるが、そのなかには朝廷の公式の歴史書に載っていない、地方の興味深い伝承が多く記されている。伏見稲荷大社は山城国紀伊郡を本拠としていた秦氏の氏神である。

「秦公伊侶具《いろぐ》は多くの稲をため込んだ富裕な人間であったが、あるときに遊び半分で餅《もち》を的にして矢を射かけた。すると、その餅は白鳥となって飛んでいき、稲荷山の峰で稲に変わった。この不思議な出来事を見た伊侶具は、白鳥が降りて稲が生えたところに稲荷社を建てた」

『播磨《はりま》国風土記』には、これと違った内容の餅の的の話がある。古代日本では、「神事で供え物にする餅には、神々の世界に通じる不思議な力がある」と考えられたのであろう。

伏見稲荷大社の記録は、このことを「伊侶具が、奈良時代初めの和銅《わどう》四年（七一一）に、元明《げんめい》天皇の勅命を受けて稲荷の神を祀った」とする。秦氏の本家に与えられた忌寸より低い「公《きみ》」のカバネを名乗っていた点から、伊侶具は秦氏一族のなかの傍流《ぼうりゅう》の出であったと考えられる。

前に挙げた秦下嶋麻呂や秦伊侶具の例から見て、奈良時代の秦氏一族は、山城や近江のあちこちで地方豪族として成長し、多くの富を蓄えていたと考えられる。

そのような秦氏は、次項に記すように、長岡京遷都と平安京遷都のときに再びヤマト政権の注目を集めた。

長岡京、平安京の建設に深く関わった秦氏

◉なぜ、桓武天皇の長岡京建設に全面協力したか

壬申《じんしん》の乱（六七二年）後は、天武天皇の流れを受けた皇族が皇位を継承していたが、奈良時代末（七七〇年）に初めて天智天皇の孫にあたる光仁《こうにん》天皇が立てられた。

この皇系の交代は、藤原氏内部の勢力争いと深く関わるものであった。藤原氏は奈良時代初めに南家《なんけ》、北家《ほっけ》、式家《しきけ》、京家《きょうけ》に分かれて

藤原四家系図

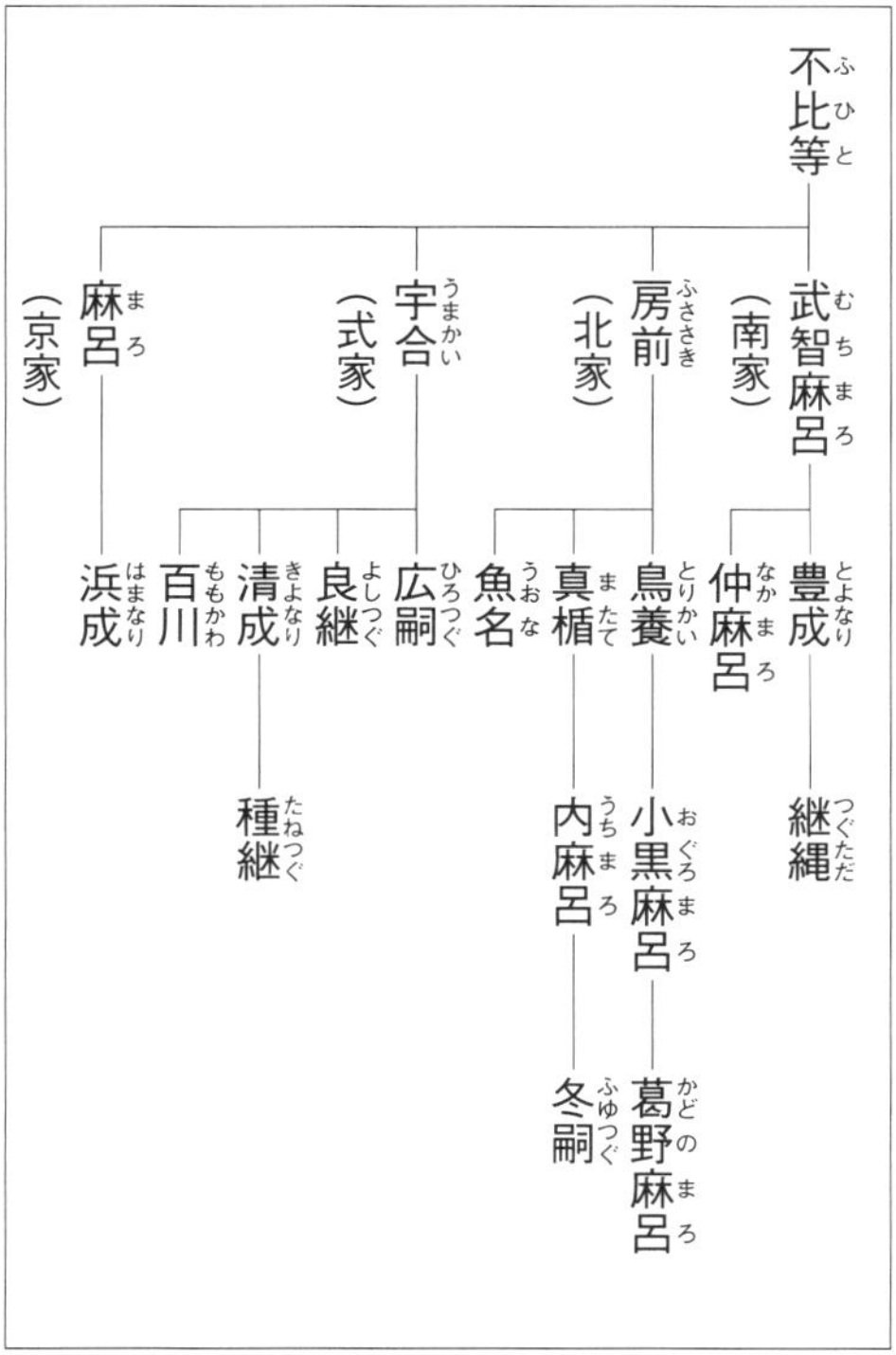

古代日本の都

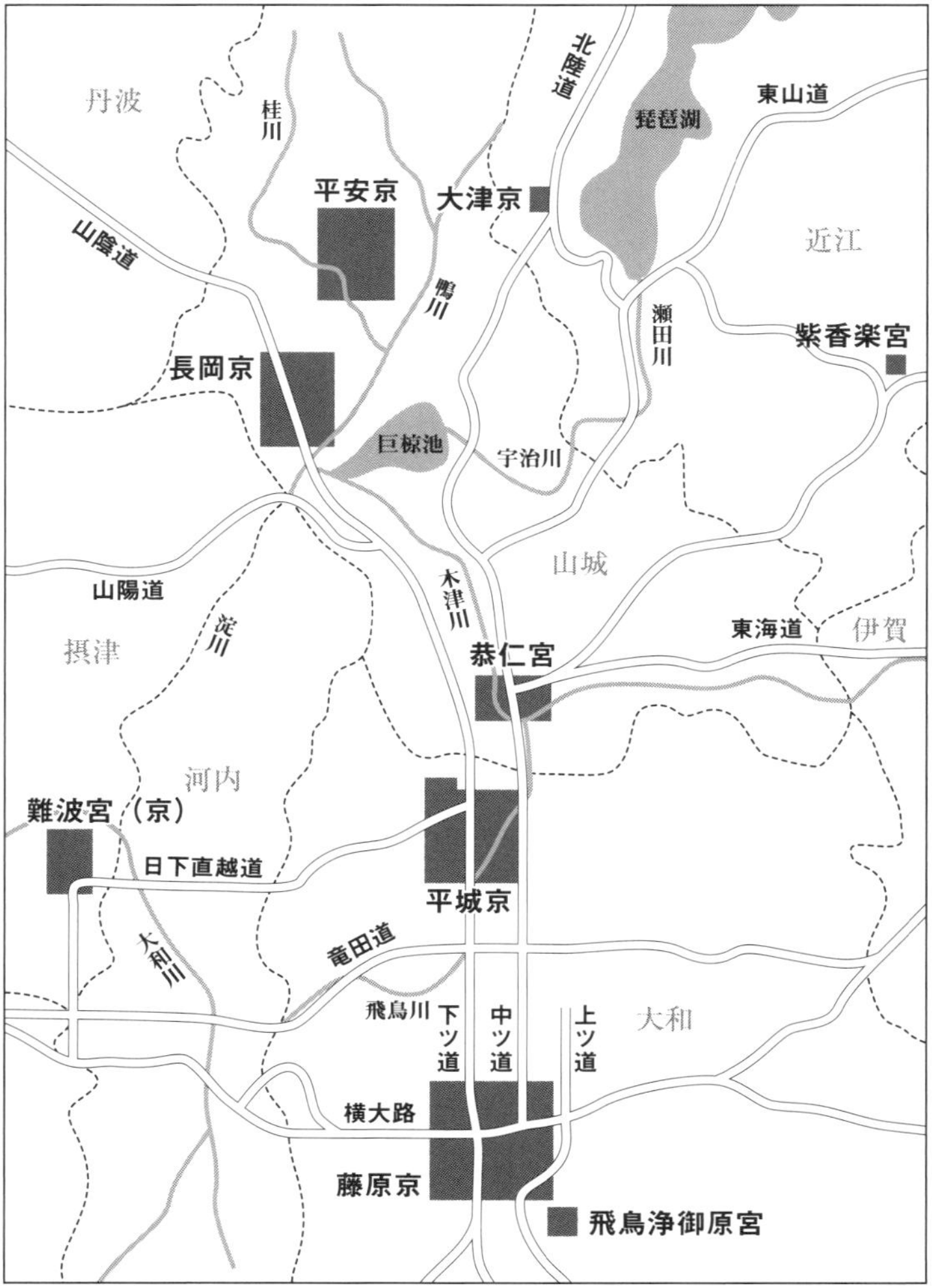
丹波
桂川
北陸道
琵琶湖
東山道
平安京
大津京
山陰道
近江
鴨川
瀬田川
紫香楽宮
長岡京
巨椋池
宇治川
山城
山陽道
木津川
淀川
東海道
伊賀
摂津
恭仁宮
河内
難波宮（京）
日下直越道
平城京
大和川
竜田道
飛鳥川
下ツ道
中ツ道
上ツ道
大和
横大路
藤原京
飛鳥浄御原宮

いた。最初は南家が比較的有力で、南家をひらいた藤原武智麻呂《むちまろ》の次男にあたる仲麻呂《なかまろ》が、長期にわたって政権を握った時期もあった。

しかし、藤原仲麻呂が反乱を起こして討たれたあと（七六四年）は、藤原氏の北家や式家の勢力が拡大する。そのため式家の藤原百川《ももかわ》らが、政治の刷新《さっしん》を目指して光仁天皇を立てることになった。

桓武天皇をめぐる系図

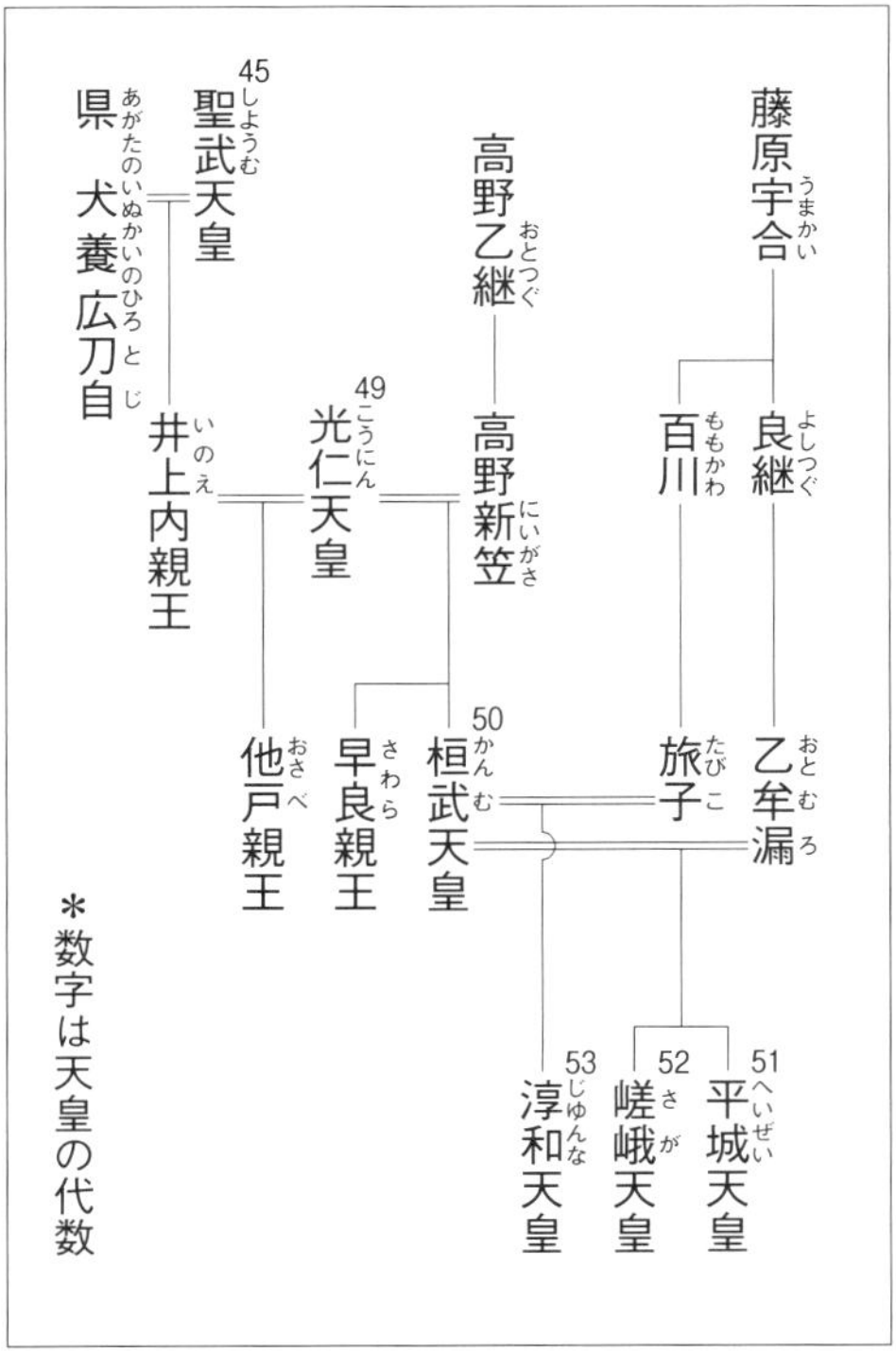

光仁天皇は、天武天皇の流れを引く天皇たちの行き過ぎた仏教興隆策に批判的であった。さらに、このような光仁天皇の意向を継いだ桓武《かんむ》天皇が、天武系皇族やあれこれ政治に介入する奈良の大寺院との縁を絶つために、新

都の建設に着手することになったのである。

このとき、桓武天皇の近臣たちは秦氏の財力をあてにして、かれらの本拠である山城の長岡に都を営む方針を打ち出した。長岡京の建設を主導したのは、藤原百川の甥にあたる藤原種継《たねつぐ》である。かれの母は、秦朝元《ちょうげん》の娘であった。

延暦《えんりゃく》三年（七八四）六月に長岡京の建設が始まり、その年の一一月に長岡遷都が敢行された。遷都の翌月にあたる延暦三年一二月に、秦足長《たりなが》が、内裏《だいり》の一部を築いた功績によって従五位上の位階を授けられている。

この翌年の八月に秦宅守《やかもり》は、太政官の役所の垣根をつくった報賞で従五位下に昇進した。五位は、貴族社会で中流の上位に相当する位階である。秦朝元の親族のはたらきかけによって、秦氏一族がこぞって新たな都の建設に協力したのであろう。

しかし、長岡京建設の責任者であった藤原種継が暗殺された（七八五年）ために、長岡遷都の計画は挫折《ざせつ》した。

◉平安京の大内裏は、秦河勝の邸宅の跡につくられた？

桓武天皇は建設途中の長岡京に代わって、新たに平安京を建設する方針を打ち出した。

この平安遷都を主導したのが、藤原北家の小黒麻呂《おぐろまろ》であった。かれの妻は恭仁《くに》京造作に関与した秦下嶋麻呂《はたのしもしままろ》の娘であった。

延暦《えんりやく》一二年（七九三）三月に平安京の工事が始まり、翌年一〇月に平安遷都がなされた。秦氏は、この新都の造作にも深く関与している。

平安京の最も重要な部分は天皇が生活する内裏《だいり》だが、この内裏と官庁街を合わせたものを大内裏《だいだいり》という。平安時代には、

「平安京の大内裏は、秦河勝の邸宅の跡につくられた」

という言い伝えがあった。村上天皇の日記（『村上天皇御記《ぎよき》』）のなかに、次のような文章が見える。

「大内裏《だいだいり》は、秦川勝（河勝）の宅なり。橘《たちばな》はもとの大夫《たいふ》（七世紀の高官、河勝をさす）の宅なり。南殿《なでん》（柴宸殿《ししいでん》）前庭の橘の樹は、旧跡によってこれを植う」（鎌倉時代初期の故実書『拾《しゆう》介抄《かいしょう》』に引用されたもの）

大内裏は秦河勝の邸宅の地につくられたものである。だから、柴宸殿の前方の左右に植えられた左近《さこん》の桜と右近の橘のなかの橘が、河勝の邸宅の名木であった橘が植《う》わっていた場所に植えられることになったというのである。河勝の時代の橘の木が枯れても、風水に

よってその場所に橘が必要だとされたのだ。

平安京の建設工事のさなかの延暦一二年に、秦都岐麻呂《つきまろ》が、宮殿の建築の監督責任者の補佐にあたる造宮少工《ぞうぐうしょうこう》に任命されている。秦氏と平安京の建設の直接の関係を示す文献はこれだけであるが、秦氏一族が、自家の本拠でなされた平安京づくりにさまざまな形で協力したことは想像できる。

◉平安遷都後も地方豪族として生きた秦氏

平安時代の初めといえば、藤原氏などの出身の文人貴族が政治の主導権を握っていた時期である。秦氏一族のもつ学問は、時代遅れになっていたのであろう。そのため、かれらが平安時代の政界で活躍する場面は見られない。

秦氏一族は平安遷都のあとも、中央ではなく、富裕な地方豪族として生きる道をとったのである。皇室は、秦氏に関連する松尾大社、賀茂《かも》大社、伏見稲荷《ふしみいなり》大社を皇室の守り神にしてあつく祀ることを通じて、秦氏のはたらきに報いている。

前にあげた『秦氏本系帳』に、次のような記事がある。

「上賀茂《かみがも》神社の祭神別雷神《わけいかづちのかみ》は、松尾大社の松尾大明神と秦氏の娘の間の子供である」

（『本朝月令』に引用されたもの）

秦氏の本拠地に近い賀茂の地を治める賀茂氏が、奈良時代ごろ、大勢力をもつ秦氏一族の主導下にあったために、このような伝説ができたのであろう。ヤマト政権が主催した賀茂祭は平安時代後半に、平安京で最も華やかな祭祀となっている。

しかし、多くの中下級貴族が、平安時代なかば以降に平安京から山城《やましろ》、近江《おうみ》の各地に移り、農地を開発して武士になった。それゆえ武士の働きによって、平安時代末に、京都の周辺の地域は急速に発展することになる。

これを受けて、秦氏一族は、独立した小領主である多くの武士が並び立つなかに埋もれてしまった。秦氏一族の武士から、秦氏の本家ではなく源氏、平氏の流れを引く有力な武士に従う者も出てきた。かれらのなかには主家の源氏、

松尾大社の本殿

701年、秦忌寸都理（とり）が現在地に社殿を造営したという（『秦氏本系帳』）。現在の本殿は室町時代に造られた。

平氏関連の名字を名乗るようになった者もいただろう。近江では、近江源氏の佐々木家の影響力が強かったためである。

秦氏一族の結束は、武士の時代の開始によって崩れていったのである。

秦氏一族がヤマト政権で活躍する場面はそう多くないが、かれらが東漢氏に次いで有力な渡来系豪族であったことは確かである。

次章では、東漢氏、秦氏以外の渡来系氏族を簡単に紹介しよう。

第六章

船氏、西文氏、鞍作氏…
独自の動きをとる渡来系豪族

漢字に強く、外交に欠かせなかった史系の豪族

日本古代の文献に、きわめて多くの渡来系と称する諸蕃《しょばん》の豪族が見える。ヤマト政権のもとで活躍した豪族のなかの三分の一、もしくは四分の一程度が、渡来系を名乗っているのだ。

◉史系の豪族が四十数氏もいた?

東漢氏一族と秦氏一族の一部を例外とするなら、渡来系と称した豪族はすべて小豪族である。東漢氏一族と秦氏一族のなかにも、かなりの数の小豪族がいる。

これに対して、中流以上の豪族の大部分は、皇室から分かれたと称する皇別《こうべつ》の豪族と、神々の子孫だと名乗る神別《しんべつ》の豪族である。

渡来系と称した豪族のほとんどすべては、ヤマト政権の実務を担当する下級の役人の地位を世襲《せしゅう》した豪族であった。もっとも、海外から日本へ移住してきた豪族は、渡来系と称した者のうちのごく一部にすぎないのであろう。

ところで、外国からの移住者の多くは、日本に古くからいる有力豪族の下で都合よく働

いてくれたのだろうか。

移住者には移住者の都合があるから、かれらがすんなりと、日本の有力豪族の言いなりになるわけはない。ヤマト政権が移住者を特別に優遇したのであろう。さらに、次のように考えることもできる。

「ヤマト政権の官僚組織の整備が進められた五世紀末以降に、渡来系の豪族といわれる下級の実務官僚の活躍が始まった。その時期の下級の実務官僚には、百済《くだら》や加耶《かや》を経由して取り入れた、中国の学問やさまざまな技術が欠かせなかった」

それは明治初年の官僚に、西洋の諸知識が必要だったことに似たものである。しかし、明治時代の日本人が「私はイギリスの生まれだ」と嘘をいっても通用しない。だが、ヤマト政権の時代の日本人と加耶の住民との顔は、ほとんど区別できなかった。

それゆえ、近畿地方中央部（畿内）の下級豪族のなかから、渡来人だと自称する者が多く出たのであろう。ヤマト政権で下級の役人の地位につくためには、渡来系の家系を称するのが有利だったからである。

古代の文献には、史《ふひと》のカバネをもつ豪族が四十数氏も見える。この他に、記録に残らない者もかなりいたであろう。このなかの田辺史《たなべの》、垂水史《たるみの》、御立史《みたちの》の三氏は「皇室から分かれた」と主張していたが、それ以外はすべて渡来系の出自を称している。

しかし、ふつうに考えれば、これほど多くの史系の豪族つまり、百済や加耶出身の知識人が、日本に渡って来たとは思えない。

◉5世紀末に始まった史の制度の整備

四世紀末の応神《おうじん》天皇の時代に、百済との国交が始まった。三六九年につくられ、三七二年に百済から日本に贈られた七支刀《ななつさやのたち》の銘文から見て、そのころの百済の知識層は、漢字を使いこなしていたと見てよい。

当時のヤマト政権の有力者たちは、百済経由で中国の進んだ文化を学ぶには、漢字の知識が必要だと考えた。そのため、前に記したように、百済から招かれて、日本人に漢字を教えた者がいたと見られる。このときに漢字を学んだ下級豪族の子孫が、大王や有力豪族に仕えて文書や宝器の銘文の作成にあたったのであろう。

さらに、五世紀末に官制の整備に力を入れた雄略《ゆうりやく》天皇が、そのようなヤマト政権の書記を史《ふひと》という役人に編制したのではあるまいか。『日本書紀』には、次のような記事がある。

「史戸《ふひとべ》、河上舎人部《かわかみのとねりべ》を置く」

史戸は、史部や史と同じものと見られる。河上舎人部は、雄略天皇が吉野の河上においた離宮に勤務する役人の集団である。前に、雄略天皇が史部の身狭村主青《むさのすぐりあお》と桧隈民使博《ひのくまのたみのつかしはか》徳《とこ》を寵愛したという『日本書紀』の記事を紹介したが、雄略天皇は新たにおいた史部のなかの二人を特に信頼したと見てよい。

船《ふねの》史、白猪《しらいの》史、津《つの》史、高向《たかむこの》史、陽胡《やこの》史などは、欽明天皇の時代以後に新たに史とされた家である。東漢氏と親しい蘇我氏の主導のもとでヤマト政権の官僚組織の整備が進められた六世紀なかば以後に、漢字、漢文の知識の必要度が増して、史の組織が拡大されたのであろう。

ここに挙げた新しい史の豪族・船氏一族は、六世紀に新たに渡来した移住者である。次項では、蘇我氏の引き立てを受けた船氏一族の活躍について記そう。

実務官僚として活躍した船氏一族

◉高句麗の国書を読み解いた船氏の祖先・王辰爾

船史の祖先である王辰爾《おうしんに》は、六世紀なかばごろに、一〇人以内の人数の家族単位で移住してきた人物であったと考えられる。かれは日本に着いたあと、東漢氏のつてによって、蘇我稲目《いなめ》に従ったと考えられる。

稲目は、王辰爾の事務能力を高く評価した。そのため王辰爾は、欽明《きんめい》一四年（五五三）に、難波の港に入港する船から徴収する租税を管理する船長《ふねのつかさ》という役人に任命されて、船史の姓を授かった。このとき、かれが連れて来た家族も、船史になったと考えられる。

敏達《びだつ》元年（五七二）に、そんな王辰爾の漢文の知識を役立てる好機が訪れた。この年に新羅の成長に苦しむ高句麗が、日本海経由で大王に使者を送ってきたのである。

ヤマト政権の史たちは高句麗の国書を読み解けなかったが、新参者である船史王辰爾だけが高句麗の国書を理解できたと『日本書紀』にある。裏を返せば、応神朝に広まった学問が、時代遅れになっていたということであろう。

◉船氏、津氏を使って要地を押さえた蘇我氏

王辰爾《おうしんに》の弟にあたる津史牛《つのふひとうし》と、王辰爾の甥といわれる白猪史胆津《しらいのふひといつ》も、それぞれの才能を生かして活躍した。活躍した年代から見て、胆津は牛の子ではなく、王辰爾の兄の子であった可能性が高い。

船史牛は敏達三年（五七四）に、津史の姓を授けられた。「津」とは港、とくに難波の港を表す言葉であるから、津史牛は難波の地の行政を担当したと考えられる。蘇我氏は船氏と津氏を用いて、難波から朝鮮半島にいたる重要な航路を、自分たちの管理下におこうとしたのであろう。

難波から北九州、朝鮮半島にいたる航路上の要地に、児島《こじま》がある。現在は児島半島になっているが、古代には陸から少し離れた大きな島であった。

蘇我稲目は欽明一六年（五五五）に、児島に白猪屯倉《しらいのみやけ》（屯倉は王家の領地をさす）をおいたが、欽明三〇年（五六九）に船胆津《ふねのいつ》に命じてそこの田部（農民）の名簿をつくらせた。この功績によって胆津は白猪史の姓を授かり、白猪屯倉の田令《たづかい》（管理人）に任命された。児島の広大な屯倉は、ヤマト政権の朝鮮半島での活動の重要な拠点となる。

このあと船氏、津氏、白猪氏の三氏は、蘇我氏配下の有能な実務官僚として活躍したと考えてよい。蘇我氏は、大きな軍事力をもつ東漢氏を船氏一族の上位に置いたが、船氏一族は自分たちの力に見合った地位で満足したらしい。

蘇我蝦夷《えみし》の最期のとき（六四五年）、船史恵尺《えさか》が甘檮丘《あまかしのおか》の邸宅まで蝦夷に従っていた。蝦夷が自害して屋敷に火をかけたために、聖徳太子がまとめた歴史書も焼けたが、恵尺は聖徳太子の歴史書のなかの『国記《こっき》』を火中から取り出して逃れ、それを中大兄皇子に献上した。

このとき恵尺は『国記』を差し出した恩賞として、蝦夷、入鹿《いるか》の父子を葬ることを許可してほしいと願ったと『日本書紀』にある。船氏一族は、最後まで自分たちを引き立ててくれた蘇我氏に忠誠を尽くしたのだ。

その後の船氏一族は、ヤマト政権の事務官僚として生きる道を選んだのであろう。かれらは古市《ふるいち》（大阪府羽曳野市《はびきの》）に本拠を置いたが、そのあたりの史部を束ねたのが、次項で取り上げる王仁の子孫と称した西文首《かわちのふみのおびと》であった。

船氏を組み込み、河内飛鳥に勢力を張った西文氏

◉渡来文化の中心地の一つ・河内飛鳥

大阪府羽曳野《はびきの》市を中心に、古代の史跡が集中する古市《ふるいち》という地域がある。このなかの羽曳野市西琳寺《さいりんじ》のあたりが、西文首の本拠地であった。

西琳寺は、西文首の氏寺として建立された寺院である。西文首はヤマト政権から古市一

西文氏の本拠地

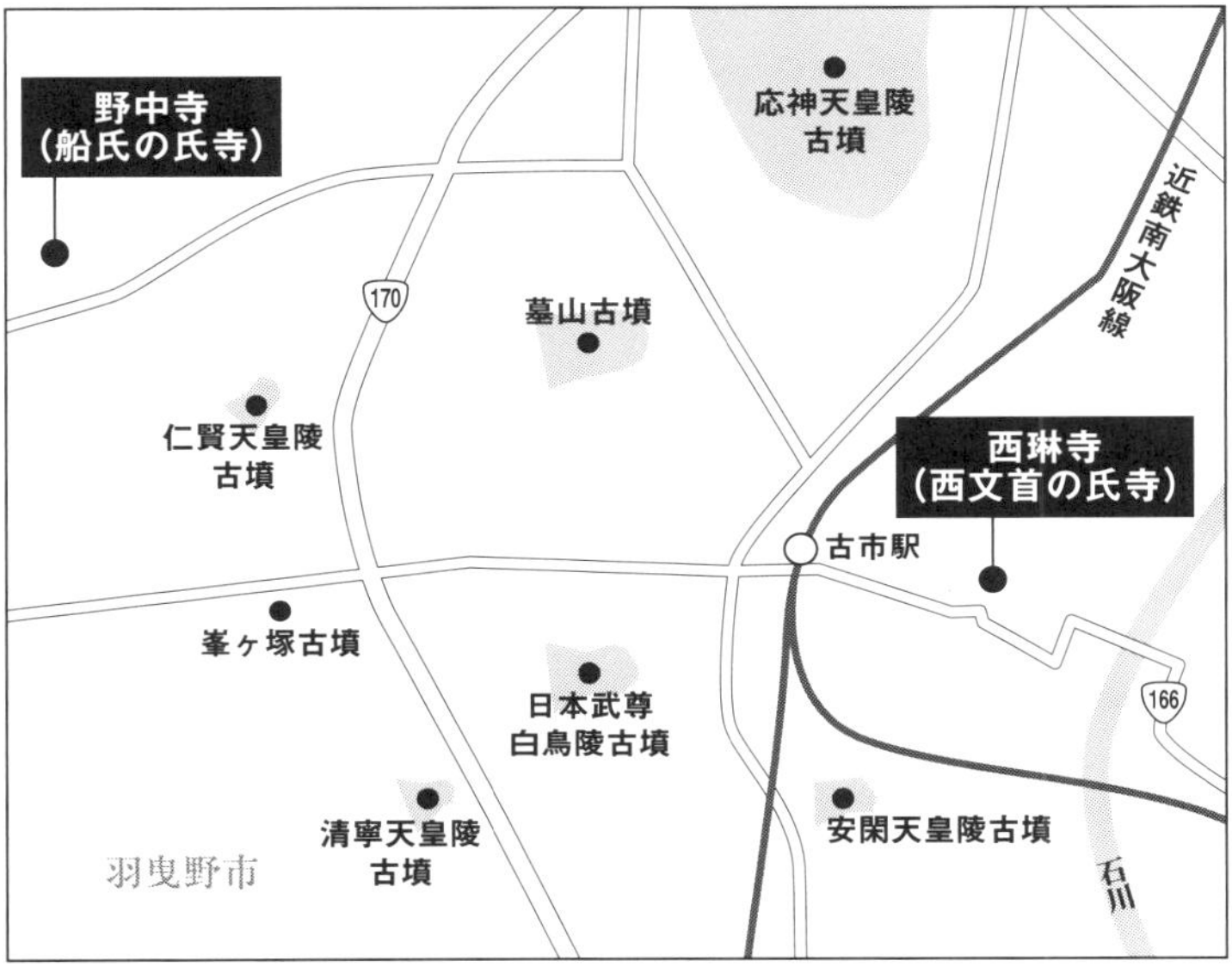

帯の史系の豪族を束ねる役目を与えられていたが、その勢力はそれほど強くなかった。

カバネの格から見ても、西文首は、東漢直《やまとのあやのあたい》の下の秦造《はたのみやつこ》のさらに下に位置づけられていたと見てよい。しかし、首はある程度の地域を支配する豪族のカバネで、下級官僚が用いる史などのカバネよりは格の高いものであった。

西文首の同族と称した豪族に、馬《うまの》首、桜野《さくらの》首、栗栖《くるすの》首、蔵《くらの》首、高志史《こしのふひと》がある。これらは、もとは古市とその周辺を本拠とした地方豪族であったが、ヤマト政権から史部などの下級官僚に任命されて、その系譜を西文氏と結びつけた豪族たちであったと考えられる。六世紀なかば、新参の船氏一族もこの他に居住地を得て、西文氏の支配下に組み込まれたのだろう。

船氏の氏寺であったと考えられている羽曳野市野中寺《やちゅうじ》は、西文氏の同族団が分布する領域のなかに位置している。西文氏一族や、船氏一族が居住する六世紀後半ごろの古市とその周辺は、大和の飛鳥に次ぐ文化の中心地であった。

古市の南東が、河内飛鳥（近《ちか》つ飛鳥）である。そこには渡来系の飛鳥戸造《あすかべのみやつこ》の氏神、飛鳥戸神社や飛鳥千塚古墳群、一須賀《いちすが》古墳群などがある。

一須賀古墳群は「近つ飛鳥風土記《ふどき》の丘《おか》」の名で史跡公園になっている。聖徳太子廟《びょう》のある叡福寺《えいふくじ》も、そこから遠くない。

『日本書紀』に田辺史伯孫《たなべのふひとはくそん》が、古市にある応神天皇陵のそばで、応神天皇の幽霊に出会ったという伝説が記されている。この話のなかに、古市郡の人書首《ふみのおびと》加竜《かりょう》が、伯孫の娘を妻にしていたと記されている。田辺氏は、崇神《すじん》天皇の皇子の豊城入彦命《とよきいりひこのみこと》の子孫と称した豪族である。

田辺氏はもとは、西文氏配下の史部のなかの一つで、渡来系の系譜を称していたと考えてよい。その田辺氏が、のちに豊城入彦命系の有力豪族である下毛野《しもつけぬ》氏とつながりをもち、皇別《こうべつ》の系譜を得たのであろう。

◉壬申の乱で活躍した西文氏一族の書首根麻呂

西文《かわちのふみ》氏の氏寺《うじでら》である西琳寺《さいりんじ》で書かれた『西琳寺縁起《えんぎ》』は、西琳寺の宝蔵に古くから伝えられた金銅《こんどう》（表面に金箔《きんぱく》をかぶせた青銅製の仏像）の阿弥陀像《あみだぞう》に次のような銘文があると記している。

「書首大阿斯高《おおあしこ》とその子の支弥高《きみこ》が発願し、書首旃檀高《せだこ》、土師長兄高連《はじのながえこのむらじ》、書首羊古《ひつじこ》、書首韓会古《かえこ》の四人が金堂や仏塔を建てた。また斉明《さいめい》五年（六五九）正月にこの仏像を造った」

『西琳寺縁起』は鎌倉時代に書かれたものであるが、そこに引用された銘文は飛鳥時代のものだと考えてよい。

西琳寺の約二キロメートルほど北方に、古くは土師氏の氏寺で土師寺《はじでら》と呼ばれた道明《どうみょう》寺《じ》がある。そのあたりは、土師氏の四か所の勢力圏の一つであった。西琳寺にあった阿弥陀像の銘文から、西文首が、近くを本拠とする土師氏と親しい関係にあったことがわかる。

土師氏は大和の菅原（奈良市の菅原寺のあたり）の集団、大和の秋篠《あきしの》（奈良市の秋篠寺のあたり）の集団、河内の古市の集団、河内の百舌鳥《もず》（堺市）の集団に分けられる。中央で活躍したのは、そのなかの菅原の集団であったらしい。

西文氏の一族は、ヤマト政権に史として仕えつつ河内に勢力を張ってきたが、西文氏が中央で目立った活躍をした形跡は見られない。

西文氏が中央の政争に関与したことを伝える唯一の例が、次のものになる。『日本書紀』に、書首根麻呂《ねまろ》が吉野に入った大海人皇子に従う舎人《とねり》の一人であったと記されている。壬申の乱が始まると、かれは大海人皇子に従って東国に入り、村国連《むらくにのむらじ》男依《おより》らと美濃《みの》の不破《ふわ》から大津京を攻める軍勢の指揮官に任命された。

村国連男依は美濃国の地方豪族の子で、大海人皇子の舎人を務めていた人物である。村国連男依、書首根麻呂らの軍勢は次々に敵勢を破り、最後に大津宮を征圧した。このときの根麻呂の功績が評価されて、西文氏は東漢氏や秦氏と同格の忌寸《いみき》のカバネを授けられた。

しかし西文一族が、このあとヤマト政権で高位に上ることはない。かれらは主にヤマト政権の下級官僚や河内の地方豪族として活躍したと思われるが、平安時代後半に河内に新興の武士が広まるなかで後退していった。

次項では、蘇我氏や聖徳太子の仏教興隆に協力した鞍作《くらつくり》氏を見ていこう。

蘇我氏、聖徳太子の仏教興隆を支えた鞍作氏

◉最新の鞍作りの技術をもった百済人・司馬達等

鞍作《くらつくり》（鞍部）氏は、船氏一族と同様に、六世紀に新たに移住してきた渡来系豪族である。『日本書紀』には鞍作氏が雄略天皇のときに渡来したという記事があるが、すぐあとで示すように、これは後世に創作された話であろう。

鞍作氏にかんする最古の確実な記事は、『日本書紀』の敏達《びだつ》天皇の部分に見える、次のようなものである。

「蘇我馬子は、百済からもたらされた弥勒《みろく》仏の石像を祀るために、池辺直氷田《いけべのあたいひた》と鞍作村主《すぐり》司馬達等《しめだちと》（『日本書紀』は「しば」でなく「しめ」と訓《よ》ませている）を派遣して仏道を修行した者を求めさせた。このとき播磨《はりま》で、高句麗の僧であった恵便《えべん》という者が見つかった。

そこで蘇我馬子は、恵便を再び出家させて自分の仏道の師僧とした。さらに、司馬達等の娘で一一歳になる鞍作島《しま》を出家させて善信尼《ぜんしんに》とし、下級の渡来人の娘二人も尼にして善信尼の弟子にした」

司馬達等がまだ、前に挙げた王辰爾《おうしんに》のように中国風の姓を用いていることから、かれはある年齢まで外国にいたと考えられる。司馬達等は、贅沢な鞍をつくる最新の技術をもった百済人だったのではあるまいか。

かれの兄弟が文献に見えないのは、司馬達等が一人で日本に移住してきたことを示すものかもしれない。平安時代に書かれた『法華験記《ほつけけんき》』に次のように記されている。

「鞍部村主《くらつくりのすぐり》司馬達等が、継体《けいたい》天皇のときに日本に移住してきて、高市郡の坂田原《さかたはら》に草堂《そうどう》(小さな仏堂)を建てて仏の木像を祀った」(『扶桑略記《ふそうりやつき》』という歴史書に引用されたもの)

しかし、この記事は後世書かれたものなので、そのまま信用することはできない。『日本書紀』には、次のような記事もある。

「都加使主《つかのおみ》(東漢氏の祖先)が百済から連れて来た陶部高貴《すえつくりのこうき》、鞍部堅貴《けんき》、画部因斬羅我《えかきのいしらが》、錦部定安那錦《にしごりのてあんなきん》、訳語《おさ》(通訳)卯安那《うあな》を、飛鳥に住ませて東漢氏に管理させた」

この記事は、百済から移住してきて飛鳥で東漢氏の保護を受けていた陶部《すえべ》などの起源をまとめて説明するために、後世に創作されたと見てよい。実際には陶部氏、鞍作氏らの先祖は一度に来たのでなく、ばらばらに移住してきたのであろう。

◉司馬達等の子の孫が飛鳥大仏をつくった

司馬達等の子の鞍作多須奈《たすな》は、用明《ようめい》天皇の病気回復を願って出家し、徳斉《とくさい》法師と称した。南淵坂田寺《みなみふちのさかたでら》の仏像は、この多須奈の発願《ほつがん》によってつくられたと伝えられる。

この多須奈の子が、飛鳥時代を代表する仏師・鞍作鳥《とり》（止利《とり》仏師）である。かれは推古天皇と聖徳太子の依頼を受けて、法興寺《ほうこうじ》の本尊の丈六仏《じょうろくぶつ》を制作した。

一丈六尺（約四・八メートル）の高さをもつこの仏像は、のちに「飛鳥大仏」の通称で呼ばれることになる。

飛鳥の法興寺は、さまざまな経緯をへて奈良市の元興寺《がんごうじ》となるが、法興寺の跡地にも飛鳥寺がおかれた。現在の明日香村の飛鳥寺の本像は、この「飛鳥大仏」だといわれるが、これには異説もある。鞍作鳥はこの他にも、聖徳太子の冥福を願ってつくられた法隆寺釈《しゃ》迦三尊像《かさんぞんぞう》の作者でもある。

鞍作氏はヤマト政権の仏教興隆策と深く関わった豪族であるが、村主《すぐり》という下級のカバネからわかるように、その地位は低かった。そして、蘇我氏の本家が滅亡したあたりから、鞍作氏は急速に衰退していく。

次項では、これまで取り上げた渡来系氏族とは別系統の、百済や高句麗からの亡命者の子孫について見ておこう。

七世紀末、百済滅亡により移住してきた人たち

◉百済の知識人、ヤマト政権で重用される

白村江《はくそんこう》の合戦（六六三年）の敗北によって百済《くだら》再興の望みが絶たれたあと、百済の遺臣に百済王として迎えられた余豊璋《よほうしよう》は、高句麗に亡命した。この豊璋に従った者も多かったが、一部の百済の王族や重臣は豊璋と袂《たもと》を分かって日本を頼った。

正確な人数はわからないが、このとき、数千人ほどの百済人が日本に移住してきたと考えられる。百済にはかなりの数の、一〇〇人乗りや五〇人乗りの大船があったためである。

日本に来た人びとは、

「次に高句麗《こうくり》が唐、新羅《しらぎ》連合軍の攻撃目標にされて、戦乱に巻き込まれる」

と予想していたのではあるまいか。

百済では十六階からなる官位制がつくられていたが、『日本書紀』は、日本への亡命者のなかに、十六階の第二位である達率《だちそち》以上の官位をもつ者が、約七〇人もいたと記してい

百済の官位

①	佐《さ》平《へい》
②	達《だち》率《そち》
③	恩《おん》率《そち》
④	徳《とく》率《そち》
⑤	玕《かん》率《そち》
⑥	奈《な》率《そち》
⑦	将《しょう》徳《とく》
⑧	施《せ》徳《とく》
⑨	固《こ》徳《とく》
⑩	李《り》徳《とく》
⑪	対《たい》徳《とく》
⑫	文《もん》督《とく》
⑬	武《む》督《とく》
⑭	佐《さ》軍《ぐん》
⑮	振《しん》武《む》
⑯	克《かつ》虞《りょ》

る。当時の日本では「達率は、日本の上流の豪族がもつ大錦《だいきの》の冠位に相当する」と考えられていた。

なお、達率の上の官位である佐平《さへい》は、大臣《だいじん》、つまり国政の責任者に特別に授ける官位であった。

百済人の沙宅紹明《さたしょうめい》は、このあと法官大輔《ほうかんだゆう》（官僚の人事を扱う役所の次官、のちの式部《しきぶ》大輔にあたる）に任命された。また鬼室集斯《きしつしゅうし》は学職頭《まなびのかさのかみ》（官僚養成学校の責任者、大学頭《だいがくのかみ》の前身）の官職に就いた。亡命者のなかには、兵法や医術、儒学、陰陽五行説《いんようごぎょうせつ》（中国の経験科学）に長じた者もいた。

奈良時代につくられた『懐風藻《かいふうそう》』という漢詩集に次のような記事がある。

「天智天皇の子の大友皇子は、博学で漢詩、漢文を好んだ。かれはしばしば、百済から来た沙宅紹明、答㶱春初《とうほんしゅんしょ》、吉大尚《きちだいしょう》、許率母《こそつも》、木素貴子《もくそきし》らを招いて、詩文の会をもった」

百済の知識人が、皇室の有力者に寵愛されたありさまが伝わってくる。

◉近江や東国に居住地を与えられた百済人

前に述べたように、百済滅亡時の移住者より前の東漢氏や秦氏は、最大でも五〇人、一〇〇人程度の小規模な単位で渡って来た。

ところが、七世紀末の天智天皇のときに、百済から数千人を単位とする多数の人びとが日本に来たのである。

このことと、次項で取り上げる約二〇〇〇名の高句麗人の渡来は、古代日本の渡来系と称する人びとの歴史の最後を飾る、大きな出来事であった。奈良時代以後にも中国や朝鮮半島からの小規模な移住者が見られたが、唐僧鑑真《がんじん》の来航を例外とするなら、新たな移住者が日本の歴史に影響を与えることはなかったからだ。

渡来系の豪族は、最新の文化をもつ大量の百済人の移住に、恐怖を感じたと思われる。かれらは、

「このままでは、私たちの学問や技術がヤマト政権で無用なものになっていくのではないか」

と恐れ、強く反発したのであろう。東漢氏《やまとのあや》や西文氏《かわちのふみ》はこのような感情に動かされて、大海人《おおあま》皇子に接近した。

しかし秦氏だけは、百済から来た人びとを、自分たちの新たな友人として扱ったと考えられる。そのため天智天皇は、かなりの数の百済人を、東漢氏の影響の強い飛鳥から離れた、秦氏の本拠地の近くに居住させる方針を打ち出した。

『日本書紀』は天智四年（六六五）に、百済の男女四〇〇人余りが、近江国神前《かんざき》郡（神崎郡）に土地を与えられてそこに移住したことを伝えている。神崎郡は現在の滋賀県東近江市のあたりで、秦氏の有力豪族依智秦《えちはた》氏の本拠・愛知《えち》郡のすぐそばである。

ついで天智八年（六六九）に余自信《よじしん》、鬼室集斯《きしつしゅうし》ら男女七〇〇人余りを蒲生《がもう》郡に居住させたと『日本書紀』にある。蒲生郡は神崎郡のそばで、現在の近江八幡《おうみはちまん》市のあたりにあった。

余自信は百済王家の王族で、百済の移住者の指導者とされた人物である。鬼室集斯はのちに学職頭になるが、このときもヤマト政権の重要な官職についていたと考えてよい。

このときに、百済からの移住者の中心人物とその関係者が、蒲生郡に遷されている。鬼室集斯らは親族を蒲生郡に置き、自分は主な家族と共に大津宮のそばに居住して役所に通ったのであろう。

百済人の近江への二度の移住の間の天智四年（六六五）に、それまで食料を与えていた百済人二〇〇〇余人を東国に移したと『日本書紀』に記されている。これは、身分が比較的低い百済人たちに、東国の土地を与えたものだろう。

百済からの移住者の一部は、百済王氏《くだらおうし》などのヤマト政権の中流貴族になったが、それ以外の多くの者はすみやかに日本語を覚え、日本人と同化して一般の農民になっていったと考えられる。

次項では、百済人のあとに移住してきた高句麗人について見ていこう。

東国に移住した高句麗人と高麗神社

◉高句麗の滅亡で、高麗人二〇〇〇人が日本へ

唐と新羅《しらぎ》は連合し、百済滅亡後の六六八年に、高句麗《こうくり》を攻め滅ぼした。高句麗の旧領は、このあと唐の支配を受けることになる。

この祖国滅亡のときに、唐の支配に不安を感じて、日本を目指した高句麗の移住者が二〇〇〇人ほど出た。

かれらの来航の詳細は明らかではないが、『日本書紀』は持統《じとう》元年（六八七）に高麗《こま》（高句麗）の五六人を常陸《ひたち》に移して、田地を与えたと記している。

埼玉県の高麗氏関連の史跡

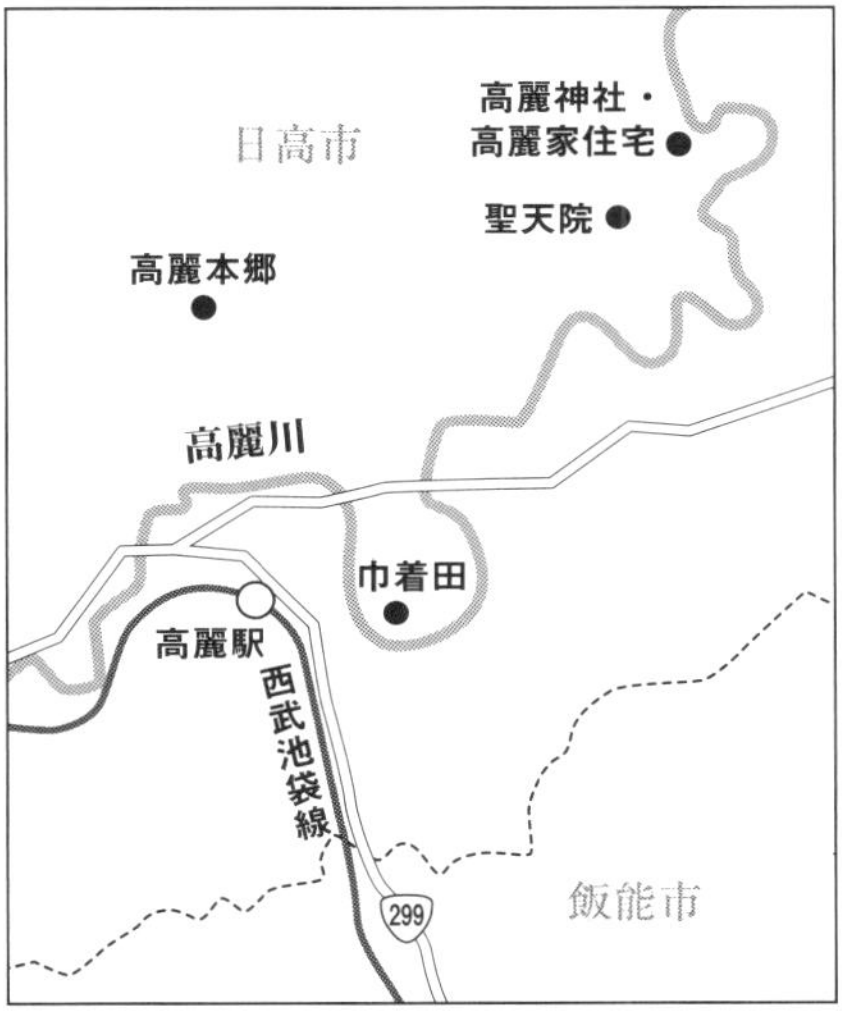

このとき、ヤマト政権の官僚として活躍した高麗人がほとんどいないことから見て、高句麗からの亡命者は、いくつかの集団に分けられて東国に送られたと考えられる。

『続日本紀《しょくにほんぎ》』（『日本書紀』のあとを受けるものとして平安時代初めに編まれた）に、次のような記事がある。

「霊亀《れいき》二年（七一六）に、駿河《するが》、甲斐《かい》、相模《さがみ》、上総《かずさ》、下総《しもうさ》、常陸《ひたち》、下野《しもつけ》の七国の高句麗人一七九九人を武蔵《むさし》に集めて高麗郡《こまぐん》を置いた」

この記録から見て、高句麗の移住者の人数は二〇〇〇人足らずであったと考えてよい。

この高麗郡創設の一三年前にあたる大宝《たいほう》三年（七〇三）に、従五位下高麗若光《こまのじゃっこう》に高麗王《こまおう》の姓を授けたことが、『続日本紀』に見える。若光は高句麗の王族の出身で、高句麗の移住者の指導的立場にあったと考えられる。

◉高麗王若光を祀る、埼玉県の高麗神社

高麗郡は、現在の埼玉県の飯能《はんのう》市、日高《ひだか》市、鶴《つる》ヶ島《がしま》市、狭山《さやま》市にまたがる、かなり広い地域であった。高句麗からの移住者は、平野のはずれのその地域を意欲的に開発していったと考えられる。日高市に、巾着田《きんちやくだ》と呼ばれる川の流れに三方を囲まれた、広大な水田がある。そこは、高句麗の移住者が奈良時代に開発した農地だと伝えられている。

高麗郡の高句麗人は日本語を身に付けて日本に同化していったが、その地域にはある程度、高句麗の習俗が残ったと見てよい。

高麗神社拝殿

高麗王若光を祀り、その子孫が宮司を務めるという。

日高市に、高麗王若光を祀る高麗神社がある。その神社に関する確かな記録は残っていないが、鎌倉時代には、高麗神社が高麗郡全体の氏神としてあつく信仰されていた。

神社の社伝には、

「高句麗の移住者は、土地の守り神として猿田彦命《さるたひこのみこと》と武内宿禰《たけしうちのすくね》を祀ったが、若光の没後に高麗王若光もあわせ祀った」

とある。

また、高麗王若光の子孫の高麗家が、現在まで代々宮司を務めてきたともいわれる。高麗神社の境内には江戸時代の高麗家住宅が残っており、近くの聖天院《しょうでんいん》は、高麗氏の氏寺である。

埼玉県と東京都の西部には、高麗神社の分社が四〇社余り見られるが、これは高句麗人の信仰が、武蔵の広い範囲に広がったことの証しであろう。

このあとの終章では、いわゆる「渡来人」が、日本古代史に果たした役割を見ていこう。

終章

早くから日本に同化した「渡来系豪族」の栄枯盛衰

渡来系豪族を、他の豪族と等しく扱ったヤマト政権

◉渡来系豪族は〝差別〟されたか

細かい説明は省くが、四世紀初めの時点で大王《おおきみ》に従ったすべての豪族が、このように称するようになっていた。

「私の家は、私が治める土地の守り神の子孫である」

その後、加耶《かや》などから来て日本で領地を与えられた豪族が、五世紀末ごろから、

「私は外国の貴人の子孫である」

と主張するようになったのである。

日本古代史の研究者のなかには、次のような考えをとる者もいる。

「諸蕃《しょばん》とされた渡来系の豪族は、皇別《こうべつ》、神別《しんべつ》という日本に古くから住んでいた豪族の下に置かれて差別された」

しかし、ヤマト政権の時代の諸豪族や奈良時代の貴族の動きを見る限り、皇別、神別の豪族や貴族と、諸蕃の豪族や貴族に対するヤマト政権の扱いが違っていたわけではない。

皇別、神別、諸蕃というのは、豪族や貴族が称した出自の区別を表す言葉にすぎない。古代のヤマト政権では、諸蕃の豪族、貴族が諸蕃であるがゆえに蔑視《べっし》される場面はまったく見られなかった。王家から重んじられた豪族は、次に挙げるような皇別と神別のなかの、ごく一部の有力豪族にすぎない。

四世紀のヤマト政権は、王家と葛城《かつらぎ》一族、春日《かすが》一族と物部《もののべ》氏の四大勢力の連合政権であった。これに大伴《おおとも》氏、阿倍《あべ》氏、阿曇《あずみ》氏、土師《はじ》氏を加えた、きわめて限られた数の有力豪族がヤマト政権の政治を動かしていたのである。ここに挙げた有力豪族が、いずれもその本拠地に大型古墳を残していることが、その証左になろう。

◉出世には「渡来系」が有利だった時代も

東漢《やまとのあや》氏と秦《はた》氏の勢力は、当初からそのような有力豪族より大きく劣っていた。東漢氏や秦氏は中流豪族の連合をつくって有力な軍勢を抱えていたが、それは蘇我氏の本家や聖徳太子、中大兄《なかのおおえ》皇子などのヤマト政権の指導者のお声がかりで、上の者の権威を借りたときに初めて動かせるものであったろう。

東漢氏、秦氏などは、かれらと同等の勢力をもつ皇別、神別の中流豪族と同等に扱われたと考えてよい。それでも東漢氏は、すぐれた学問、文化、技術をもつ家としてヤマト政権から特別に優遇されていたようにも思える。

倭《やまと》氏は大和一国の守り神の祭祀を担当する氏《うじ》であったため、倭国造《やまとのくにのみやつこ》とされて直《あたい》のカバネを与えられていた。古代に倭氏が祀《まつ》っていたのが、奈良県天理《てんり》市大和《おおやまと》神社である。

ところが、東漢氏が移住してきて本拠を檜隈《ひのくま》（飛鳥南部）に定めたあと、ヤマト政権はかれらにも直のカバネを与えた。

これは、東漢氏が治める飛鳥南部を、倭氏の祭祀圏から自立させるものではなかったろうか。

大和や河内には、古くから居住してきた中小豪族が多くいた。神様の子孫と称していても、かれらがヤマト政権で重用される機会はめったにない。しかし、前に挙げた史《ふひと》の役についた豪族たちのように、大陸の先進文化を身に付ければ、ヤマト政権の実務官僚や職人として出世する機会が得られる。

「自家のもつ学問、諸文化、技術などが優れたものである」とヤマト政権で主張するとき、王家にはなじみの薄い神様の名を出すより、「外国の貴人の子孫」と称したほうが有利ではあるまいか。

このような考察を進めてきたときに、太田亮氏の次のような説を思い浮かべてしまう。

「地方の旧家の大部分は、自家の先祖が古い時代に京都の都からこの地に降ってきたと記した系図を持っている。しかし現実には、江戸時代の直前まで地域を越えた人の移動はほとんどみられなかった。地方の旧家の多くは、古い時代から現在の居住地に本拠をおいていた家である。先祖が京都から来たとする系図は、地方の武士や農民の文化のすすんだ京都に対するあこがれによって創作されたものである」(『家系系図の入門』新人物往来社刊)

戦前に数知れない家の系譜を調べ、家系研究の権威といわれた太田亮氏の主張には、重みがある。

次項では、渡来系の系譜の優位がどのようにして崩れていったかを見ていこう。

「渡来系の優位」はいかにして崩れていったか

◉大王の権力拡大と新たな系譜づくり

古代日本の「渡来系豪族」を、

「朝鮮半島経由で入ってきた学問、諸文化、技術を身に付けた豪族」

としたうえで話を進めよう。百済や加耶から移住してきた者の子孫の他に、何らかのつてによって大陸の技術や文化を学んだ豪族も、渡来系の系譜を称していたからだ。六世紀初めに継体《けいたい》天皇が大王になる前のヤマト政権は、豪族連合の性格が強かった。そのために、大王の先祖の神も豪族たちの先祖の神も、対等のものとして扱われていた。

しかし継体天皇は、武力で北九州の有力豪族であった筑紫《つくし》氏を従えて、日本国内の諸豪族に対する大王の指導力を急速に強めていった。

この時代に、王家は斎宮《いつきのみや》を置いて天照大神《あまてらすおおみかみ》を祀り、祖先神を大物主神《おおものぬしのかみ》から絶大な権威をもつ天照大神に変えた。大物主神は、奈良県桜井《さくらい》市大神《おおみわ》神社の祭神である。そのあと、王家は『古事記』に見られるような日本神話を整え、そのなかで有力豪族の祖先神を、天照大神の親戚筋の神や天照大神の家臣の神にしていった。

王家の勢力が高まるなかで、豪族たちは、進んで自家の祖先の系譜を王家に関連するものにしていったのだ。

◉系譜を変えられなかった渡来系の豪族

天照大神の祭祀が整備されていくなかで、王家の祭官を務めた新興の中臣《なかとみ》氏がじわじわと勢力を拡大していった。

ヤマト政権の主だった有力豪族は、臣《おみ》のカバネのものと連《むらじ》のカバネのものに分かれていた。臣が連の上位にあったわけではない。王家により近い立場の葛城氏、春日氏などが臣のカバネを、より王家からの自立度が高く、独自の祭祀を行なう物部氏、阿曇氏などが連のカバネを称していたらしい。

臣のカバネの葛城一族は、古くは自分たちの祖先を一言主神《ひとことぬしのかみ》としていたらしい。ところが、物部守屋が滅亡したあとの推古天皇の時代に、蘇我馬子が大王の補佐役としてヤマト政権を指導するようになった。このあと蘇我氏が、景行《けいこう》天皇から仁徳《にんとく》天皇までの五代の大王を補佐したという、武内宿禰《たけしうちのすくね》の伝説をつくっていく。そのため葛城一族は、祖先を一言主神から王族の武内宿禰に変えたとされる。

阿倍氏や春日一族もそれに前後して、安倍氏の先祖の王族・大彦命《おおひこのみこと》や、春日氏の先祖の王族・天押帯日子命《あめおしたらしひこのみこと》に始まる系譜を整備して「古い時代の王族が先祖である」と、主張し始めた。このようにして、臣のカバネの豪族のかなりの部分が皇別になった。

そして、自家の祖先神を重んじた連のカバネの豪族の大部分は、神別の系譜を称した。王家が歴史書をまとめていくなかで、皇別と神別の主だった家は王家と強い縁をもつ家とされた。

しかし、これまで「渡来系」と称してきた中小豪族は、安易に系譜を皇別や神別に変えられない。そのため、「渡来系豪族」が蕃別《ばんべつ》とされることになったのである。

次項に記すように、王家の歴史書がまとめられた七世紀から八世紀初めの時期は、渡来系の豪族の技術がしだいに重んじられなくなっていった時代でもあった。

渡来系豪族から文人貴族の時代へ

◉先進文化を扱えるという優位性

六世紀末ごろまでの王族や有力豪族の多くは、漢字を使いこなせず、大陸の先進文化を扱う仕事を渡来系豪族に委《ゆだ》ねていた。かれらにとっては、自家が代々受け継ぐ宗教的な職務が、何よりも大事なことだったからである。

仏教を支持した蘇我稲目《いなめ》すらも、仏教興隆の仕事を僧侶や司馬達人《しめだちと》らの海外通の人びとに任せきっており、みずから仏典を学ぼうとはしなかった。

これに対して聖徳太子は、高句麗から来た僧慧慈《えじ》を師として、仏典や中国の学問を熱心に学んだ。こうした太子の指導によって、王族や有力豪族のなかから海外のさまざまな学問や技術を身に付けようとする者が現れてきた。

『日本書紀』に推古《すいこ》一〇年（六〇二）のこととして、山背臣日立《やましろのおみひたて》が、百済から渡来した僧観勒《かんろく》から方術《ほうじゅつ》（医術）を学んだと記されている。臣のカバネから見て、日立は皇別の有力豪族の分家筋にあたる人間であったらしい。

小野妹子《いもこ》は最初の遣隋使《けんずいし》に任命された（六〇七年）が、かれは、春日一族のなかの比較的有力な豪族の出である。このあと、宮廷の有力者の多くが、自ら学んで有益な学問を身に付け、ヤマト政権の発展に役立てようと考えるようになっていった。

大化改新がなされる少し前に、中大兄皇子と蘇我入鹿《いるか》は、唐への留学から帰国してきた僧旻《みん》について『易経《えききょう》』（占術）を学んでいる。さらに中大兄皇子は、中臣鎌足《なかとみのかまたり》と共に、唐から戻ってきた南淵請安《みなぶちのしょうあん》に儒教の古典を教わってもいる。請安は渡来系の東漢氏の一族であった。

◉中国の学問が必要な時代に

乙巳の変（六四五年）のあと、急速に中央の官制や地方政治の整備が進められていった。

これは、唐の進んだ諸制度にならったものである。そのため、時代の流れをよんだ有力豪族の若者たちが、さまざまなつてを辿《たど》って師匠を求め、中国の多様な学問を学び始めた。渡来系の豪族だけが漢文を使いこなす時代は、終わりをつげたのである。

飛鳥時代末の大宝元年（七〇一）にヤマト政権の基本法となる『大宝律令《たいほうりつりょう》』が完成したが、これに携わった編者を見れば、そのことがよくわかる。

刑部《おさかべ》親王・藤原不比等《ふひと》・粟田真人《あわたのまひと》・下毛野古麻呂《しもつけぬのこまろ》・＊伊岐博徳《いきのはかとこ》・伊余部馬養《いよべのうまかい》・＊薩弘恪《さつこうかく》・土師甥《はじのおい》・坂合部唐《さかいべのもろこし》・＊白猪骨《しらいのほね》・＊黄文備《きぶみのそなう》・△田辺百枝《たなべのももえ》・道首名《みちのおびとな》・狭井尺麻呂《さいのさかまろ》・鍛大角《かぬちのおおすみ》・額田部林《ぬかたべのはやし》・△田辺首名《たなべのおびとな》・＊山口大麻呂《やまぐちのおおまろ》・＊調老人《つきのおきな》

ここに挙げた一九人のなかで、純粋な渡来系氏族出身者は＊を付けた六人だけである。△を付けた田辺氏の二人はヤマト政権の史《ふひと》を務めた家の出だが、そう遠くない時代に、かれらの先祖は何らかのつてによって、皇別の系譜を得ていた。

この田辺氏の二人を加えても、渡来系は八人で、「律令」に関与した人間の過半数が、新たに出現した文人貴族であった。

「律令」作成を主導したのは、藤原不比等《ふひと》である。藤原氏の系譜を記した『尊卑文脈《そんぴぶんみやく》』に、不比等にかんする次の記事がある。

「鎌足が避くる所があって、わが子を手許《てもと》に置かず、山科《やましな》(京都市)の田辺史大隅《おおすみ》に育てさせた。そのため鎌足の子が、史(不比等)を名乗ることになった」

天智天皇が営んだ大津京にいた鎌足は、いずれ、天智天皇の子・大友皇子と天智天皇の弟・大海人皇子が衝突すると予測したのであろう。鎌足は、不比等がその争いに巻き込まれる事態を避けるために、かれを大津京から離れたところにおいたのだ。

不比等の母は車持君与志古娘《くるまもちのきみよしこのいらつめ》であるが、田辺史は不比等の母方の車持君と同族と称した、車持氏と親しい豪族であった。不比等は田辺史のもとで育ち、学問の基本を身に付けたのであろう。

この不比等の子孫の多くは、奈良時代の文人貴族として能吏《のうり》といわれ、ヤマト政権の高い地位に就いた。そのため他の有力貴族も藤原氏にならって、出世の手段として学問を学んだ。このようにして文人貴族の本格的な活躍が始まり、奈良時代に渡来系豪族の重要度は急速に薄れていったのである。

最後に次項で、渡来系豪族が活躍した時代の特性を国際的な視点から見ていこう。

新羅の統一で途絶えた、日本と朝鮮半島の交流

◉日本と朝鮮半島南部で、言葉が通じた時代

四、五世紀に、朝鮮半島南端の加耶《かや》と、倭国との間を比較的自由に行き来できた時代があった。そのころは、加耶に住んでいた韓族の言葉と日本のやまと言葉は、何とか通じた。その時期の百済《くだら》や新羅《しらぎ》は、騎馬民族の南下によって急速に変わりつつあったが、それでも騎馬民族のものと韓族のものとが合わさった言葉を使っていた百済や新羅の人びとと、加耶の人びととの間でも、話は通じていた。

邪馬台国の時代にあたる三世紀までの日本と朝鮮半島間の往来は、わずかなものだっただろう。そして、ヤマト政権が北九州を支配下に組み込んだことによって、四世紀に倭国と加耶との交渉が活発になっていった。そして五世紀に倭国と百済の交流がさかんになるなかで、朝鮮北部、中部から多くの人数の移住者が日本列島に来た。

百済も新羅も日本も、五世紀には地方豪族の緩い連合の形をとっていた。しかも加耶では、個々の豪族の領域が独立した小国になっていた。

こういった時代に「国境」という発想はない。有力な日本の軍勢が、「高句麗と戦うために百済の北端に行く」といえば、加耶の小国も百済の地方豪族もその真偽を確かめることなく、黙って軍勢を通すしかなかったろう。ところが、六世紀初めから朝鮮半島の政情が大きく変わった。

◉渡来系の移住は、国境成立前の特別な出来事

新羅では六世紀なかばに、真興王《しんこうおう》（在位五四〇—五七六年）という有力な指導者が現れた。真興王は中国をまねて官制を整備し、王の権力を大きく強化した。この時代に新羅の地方豪族は、強大な王の支配下に取り込まれていく。

真興王は仏教興隆によって中国文化を広めると共に、高句麗や百済、加耶諸国と戦って大きく領地を拡大した。この真興王の時代に、新たに得た領域も含めた「新羅の国土」という意識が生まれていたと考えられる。

同じ時期に百済の聖明王《せいめいおう》も、新羅に対抗して国王の権力を高めていた。六世紀なかばの時点で、新羅と百済で「国境」という考えが確立していたのである。

六〇〇年、新羅が加耶で独立を保っていた海岸部の八国（浦上八国《からさし》）を自国に併合したこ

8世紀ごろの統一新羅と渤海

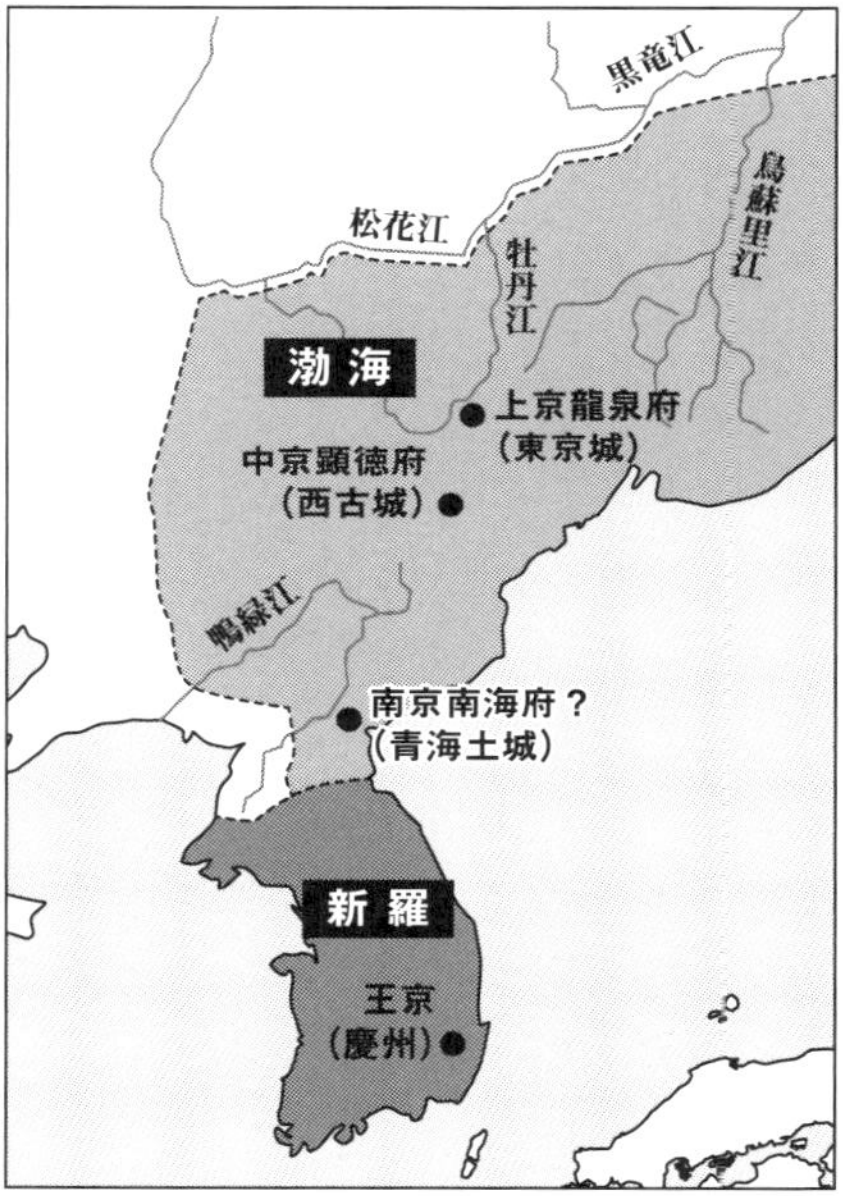

とで、加耶は完全に消滅した。このことは、日本が、国情の違う新羅、百済と境を接するようになったことを表す。この時点でようやく、日本は国境を意識し始めたと考えられる。

聖徳太子は、日本は百済や新羅より上で、大国・中国から自立した国だと主張する、「日《ひ》出《いずる》処《ところの》天子《てんし》、日《ひ》没《ぼっする》処《ところの》天子《てんし》に書を致《いた》す」の文に始まる国書を隋《ずい》朝に送った（六〇七年）。これは新羅や百済の成長によって、ヤマト政権が朝鮮半島にもつ利権が失われていくことからくる危機意識によるものだったろう。

六七六年、新羅は朝鮮半島を統一するが、これは、日本と新羅との間の国境の完成を意味するものであった。これで、政府の許可なく、日本と新羅の間を往来できなくなる。

この新羅の時代には北方の渤海《ぼっかい》（六九八—九二六年）が、かなりの期間にわたって朝鮮半島北部を支配していた。渤海は、騎馬民族の満州族（高句麗族）とツングース系の靺鞨《まっかつ》族が連携して建てた国である。渤海滅亡後、その土地は中国領となった。

新羅では、国王の中国風の専制政治のもとで厳しい身分制度が敷かれ、さまざまな紛争が続いた。これに対して日本では、平安時代なかばまで、一つの地域の祭祀を担当した地方豪族のもとで、個々の村落の自治が認められた比較的平和な社会がつくられていた。

日本と新羅は隣国であっても、まったく異なった世界だったといってよい。しかし、いったん国境ができると、人びとは自国でなされていることが正当なものだと思い、他国に関心を向けなくなる。

本書で取り上げた渡来系豪族は、海を越えての往来が始まって以降、国境が成立する前の、特別な事情のなかで出現した人々であった。そしてこれまでに記したように、渡来系豪族と称した豪族の中に、かなりの数の縄文系、弥生系の古くから日本列島にいた豪族が見られた。それとともに、渡来系豪族が活躍した時代に、朝鮮半島北部、中部から、渡来系豪族とは別の無名な多人数の移住者がいたという奇妙な事態が見られたのである。

※本書は二〇一六年六月に刊行された『渡来人とは何者だったか』を改題し、加筆したものです。

武光 誠 たけみつ・まこと

1950年、山口県生まれ。東京大学文学部国史学科卒業。同大学院博士課程修了。文学博士。2019年3月に明治学院大学教授を定年で退職。専攻は日本古代史、歴史哲学。比較文化的視点を用いた幅広い観点から日本の思想文化の研究に取り組む一方、飽くなき探究心で広範な分野にわたる執筆活動を展開している。著書は『古代史入門事典』(東京堂出版)、『ヤマト政権と朝鮮半島　謎の古代外交史』『一冊でわかる神道と日本神話』(以上、小社刊)など多数。

渡来人とは何者か

二〇二四年一一月三〇日　初版発行
二〇二五年　六　月三〇日　3刷発行

著　者——武光　誠

企画・編集——株式会社夢の設計社
〒一六二-〇〇四一　東京都新宿区早稲田鶴巻町五四三
電話（〇三）三二六七-七八五一（編集）

発行者——小野寺優
発行所——株式会社河出書房新社
〒一六二-八五四四　東京都新宿区東五軒町二-一三
電話（〇三）三四〇四-一二〇一（営業）
https://www.kawade.co.jp/

印刷・製本——中央精版印刷株式会社

Printed in Japan ISBN978-4-309-22947-8

本書についてのお問い合わせは、夢の設計社までお願いいたします。